LIMOGES

Marc BARBOU & Cie, IMPRIMEURS-LIBRAIRES
Rue Puy-Vieille-Monnaie

L'HÉROISME CONTEMPORAIN

GRAND IN-8° TROISIÈME SÉRIE

LES LEÇONS DU PATRIOTISME

MORTS POUR LA PATRIE

CARDON SC

Collection publiée sous la direction de M. A. DUBOIS

L'HÉROISME

CONTEMPORAIN

PAR

UN VIEUX CAPITAINE

> Où dormez-vous ? Pour vous sourire,
> Où peut-on se mettre à genoux,
> Héros qui voliez au martyre
> Et qui l'avez souffert pour nous ?

LIMOGES

Marc BARBOU & Cie, Imprimeurs-Libraires

RUE PUY-VIEILLE-MONNAIE

—

1886

A

Henri et Guillaume de Bouillé ,

C'est à vous, fils d'un des héros de Loigny, qu'est dédié ce petit livre.

Vous porterez toujours noblement, j'en suis certain, le glorieux nom de votre père. Comme lui, s'il en était besoin, vous n'hésiteriez pas à donner votre sang pour la France; j'en ai pour garants mes propres souvenirs : J'ai vu plusieurs fois votre physionomie enfantine s'assombrir tout à coup, devenir grave au seul nom de la Prusse; j'ai vu vos yeux s'animer, briller d'enthousiasme, à la pensée qu'un jour vous pourriez venger et votre patrie, et la mort de votre père... Les exemples de patriotisme que vous trouverez dans cet ouvrage, ne pourront que fortifier en vous ces généreux sentiments et vous rendre de plus en plus dignes de vos aïeux.

C. O.

A NOS SOLDATS MORTS

Je prends ces fleurs, dont les corolles
Ont encore des souffles vivants,
Et sur l'aile des brises folles
Je les disperse aux quatre vents.

Dans l'ombre où, tombés avec joie,
Vous frissonnez pâles et nus,
C'est à vous que je les envoie,
O soldats ! ô morts inconnus !

O soldats morts pour la patrie !
Qui, déjà glacés et mourants,
L'avez acclamée et chérie,
O mes frères ! ô mes parents !

Où dormez-vous ? Pour vous sourire,
Où peut-on se mettre à genoux,
Héros qui voliez au martyre
Et qui l'avez souffert pour nous ?

Foule par la guerre immolée,
Nous adorerons en tout temps
Cette terre partout mêlée
A votre cendre, ô combattants.

(Théodore de BANVILLE.)

POUR LA PATRIE

Ceux qui pieusement sont morts pour la patrie,
Ont droit qu'à leur cercueil la foule vienne et prie.
Entre les plus beaux noms leur nom est le plus beau.
Toute gloire près d'eux passe et tombe éphémère ;
    Et, comme ferait une mère,
La voix d'un peuple entier les berce en leur tombeau !

   . Gloire à notre France éternelle !
    Gloire à ceux qui sont morts pour elle !
    Aux martyrs, aux vaillants, aux forts !
    A ceux qu'enflamme leur exemple,
    Qui veulent place dans le temple,
    Et qui mourront comme ils sont morts.

                             (V. Hugo).

L'HÉROÏSME CONTEMPORAIN

Si nous ouvrons un dictionnaire au mot héroïsme, nous trouverons cette définition ou à peu près :

L'héroïsme est le produit d'un sentiment généreux, échauffé jusqu'à l'exaltation dans une circonstance critique et solennelle. L'héroïsme ne constitue donc pas un caractère comme la magnanimité, la grandeur d'âme; c'est un acte passager, presque instantané.

Un caractère essentiel de l'héroïsme c'est qu'il soit inspiré par la vertu, l'esprit de désintéressement, le sacrifice. Alors, il éveille chez tous le même sentiment d'admiration, car il n'honore pas seulement un homme, un pays; il devient la joie et l'orgueil de l'humanité entière.

L'héroïsme, dit M. Charles Bigot, est une bravoure supérieure : celle qui va au-devant du péril, et, non contente de faire son devoir, aspire à faire quelque chose de plus. Celle-ci, c'est aux âmes d'élite qu'elle appartient.

S'il faut accomplir un acte extraordinaire, s'il faut lutter un contre dix, s'il faut risquer un effort où il y a quatre-vingt-dix-neuf chances de périr contre une seule d'échapper, s'il faut entreprendre une de ces tentatives devant lesquelles les braves mêmes hésitent, un homme apparaît soudain et dit : « Me voici ! je suis prêt. » Celui-là, c'est le héros. Le danger, loin de l'effrayer, le surexcite.

Un héros est donc un homme qui, par son courage, sa magnanimité, son génie, accomplit des choses grandes et périlleuses ; mais ce mot se dit particulièrement de ceux qui s'illustrent par leurs exploits guerriers. Comme le Patriotisme ou amour de la patrie, engendre souvent l'héroïsme, ces deux expressions pourront se confondre dans nos récits. Nous allons citer des exemples connus, pour la plupart, mais qu'on ne se lasse pas de répéter, parce qu'il n'est permis à aucun de nous de les ignorer et qu'ils forment le *livre d'or* de la nation française.

Comme l'a dit le général Ambert, recueillons pieusement les débris de notre gloire, cherchons à connaître les noms des morts pour les honorer, interrogeons les survivants, écartons les ronces qui couvrent les tombes et plaçons-y des fleurs ; donnons, sous toutes les formes, l'expression de nos sympathies et de notre reconnaissance à ces vaillants soldats qui ont défendu le sol de notre patrie.

C'était en 1741, pendant la guerre de la succession d'Autriche, Chevert, lieutenant-colonel, se trouvait au siège de Prague. Au moment où l'on posait la première échelle, il rassembla ses sergents et leur dit :

« Mes amis, vous êtes tous des braves ; mais il me faut ici le brave des braves. Le voilà, ajouta-t-il en mettant la main sur l'épaule du sergent Pascal.

— Vois-tu cette sentinelle là devant ?

— Oui, mon colonel.

— Elle va te dire : « Qui va là ? » Ne réponds rien, mais avance.

— Oui, mon colonel.

— Elle tirera sur toi et te manquera.

— Oui, mon colonel.

— Tue-la; je serai là pour te défendre.

— Oui, mon colonel.

Les choses se passèrent comme Chevert l'avait prédit, et la ville fut prise.

Durant la guerre de sept ans, en 1757, un corps d'armée aux ordres du marquis de Castries, était campé sur le canal de Rimbert, ayant ce canal devant lui. M. le chevalier d'Assas, capitaine de chasseurs au régiment d'Auvergne, avait été placé, deux heures avant le jour, avec tous les grenadiers et chasseurs de ce régiment, sur le flanc du camp, pour s'opposer à l'attaque vive qu'y faisait le prince héréditaire de Brunswick. Il avait ordre, ainsi que toutes les troupes, de faire feu par demi-pelotons à bout portant. Il exécutait ce feu, lorsqu'un officier ennemi lui cria :

« — Vous tirez, monsieur, sur vos propres gens, sur Normandie et sur Alsace! »

D'Assas arrête le feu, s'avance pour mieux reconnaître, est entouré d'ennemis qui lui présentent leurs baïonnettes et lui disent :

« — Si tu parles, tu es mort ! »

Mais le valeureux d'Assas, sans s'étonner d'une mort certaine, s'écrie :

« — Auvergne! tirez! ce sont les ennemis. »

Il tomba foudroyé, mais son régiment ne fut pas surpris. (1)

Parmi les traits nombreux de patriotisme, de cou-

(1) Ce récit d'un contemporain homme de guerre, Turpin de Crissé, fixera définitivement la vérité sur la mort héroïque du chevalier d'Assas.

Ce mot : tirez! est plus vaillant que celui qu'on lui a prêté jusqu'à ce jour.

« A moi, Auvergne ! » pourrait passer pour un cri instinctif de détresse. En criant : tirez! il s'offrait à la fois aux baïonnettes étrangères et aux balles françaises.

rage, de dévouement au pays, accomplis durant la dernière guerre, comment ne pas citer ceux-ci :

Mlle Dodu, receveuse des postes et directrice du télégraphe à Pithiviers, Loiret, fut expulsée de la chambre où se trouvait l'appareil télégraphique, et un Prussien se mit en communication avec le prince Frédéric Charles, à l'aide de nombreuses dépêches. La courageuse directrice, dans le plus grand secret, avait attaché au fil principal, un fil qui interceptait le courant électrique et lui faisait connaître la teneur des télégrammes. Un jour, elle vit avec épouvante une dépêche qui indiquait le moyen de surprendre les Français. Alors, n'écoutant que son patriotisme, et n'ignorant pas que son action serait punie de mort, elle envoie quand même un émissaire au général français et le prévient des projets de l'ennemi. Le général prit des mesures en conséquence et put éviter à nos soldats un échec sanglant.

Bientôt, et après des recherches minutieuses, la vérité fut connue des Prussiens. Mlle Dodu fut emmenée prisonnière, jugée et condamnée à mort. L'armistice la sauva et conserva cette héroïne à la France.

« La ville de Schlestadt est une place forte située en quelque sorte au cœur de l'Alsace ; Mademoiselle Weick était chargée, depuis trois ans de la gestion du bureau télégraphique, lorsque éclata la guerre. Le bureau étant devenu très important depuis le premier mois de cette année, un aide lui avait été adjoint.

» A la nouvelle des revers de Wissembourg, Wœrth et Reischoffen, une panique insensée se répand dans la ville ; les habitants sont affolés, les dépêches abondent, Mademoiselle Weick et son aide ne quittent plus l'appareil.

» Le 7 août l'alarme augmente encore, l'armée allemande va passer le Rhin, elle marche sur Schlestadt... les Prussiens débarquent au Lembourg... tous fuient en emportant leurs objets les plus précieux ; l'aide de Mademoiselle Weick la quitte pour se réfugier dans sa famille. La jeune buraliste reste seule, et les dépêches se multiplient sans cesse.

» L'investissement de Strasbourg fait fuir les retardataires, on commence les travaux de défense, on dépave les rues, ont fait sauter les maisons qui, autour des remparts, gênent le tir de la place. Le canon tonne ; le télégraphe ne cesse de marcher : Mademoiselle Weick est à son poste, sentant grandir son courage avec le danger ; en vain lui conseille-t-on de s'éloigner.

» Cependant, le bureau est adossé au rempart, exposé au feu de l'ennemi, on veut le mettre à l'abri de la bombe, mais le temps manque, et les dépêches arrivent toujours plus pressées. Le désastre de Sedan frappe Mademoiselles Weick au cœur ; son énergie redouble. Un autre aide lui arrive de Colmar, mais il ne peut tenir et quitte la place avant le complet investissement.

» Le 10 octobre, le siège commence ; le bureau du télégraphe est le point de mire de l'ennemi ; le télégraphe marche toujours ; le til n'est coupé qu'à quatre heures cinquante minutes. Moment douloureux où l'abattement succède à l'énergie, mais le sentiment du devoir accompli soutient la jeune fille !!...

» Après quatorze jours de bombardement, la place dut se rendre ; la destruction était complète, le bureau seul était resté debout, les vitres brisées par l'explosion des bombes. Un officier supérieur prussien fait appeler Mademoiselle Weick, lui demande sa caisse et lui offre de servir la Prusse, faisant à cet égard les plus belles promesses. La jeune fille lui répondit que les dépêches privées ne circulant plus depuis longtemps, elle n'avait rien en caisse ; puis elle ajouta, avec autant de simplicité que de patriotisme : « Je suis fille, petite-fille, et sœur de militaires ; c'est vous dire, Monsieur, que je suis Française et veux rester Française. » L'officier ému la salua avec respect et lui permit de se retirer.

» L'autorité militaire signala la noble conduite de Mademoiselle Weick; son nom fut mis à l'ordre du jour, et après la guerre, on lui donna le bureau de Chantilly, puis de Louvres.

» En quittant Schlestadt, Mademoiselle Weick parvint à soustraire, à travers mille difficultés, quatre caisses de matériel neuf qu'elle remit à l'administration française, avec le montant de sa gestion de Schlestadt.

» Par décret du 30 avril 1877, Mademoiselle Weick a été décorée de la médaille militaire. Elle a reçu une couronne civique de la Société nationale d'Encouragement au bien comme témoignage d'admiration et de reconnaissance pour son courage, son dévouement et son patriotisme (1) ! »

Henri Regnault avait 27 ans, il était riche, heureux, et déjà il possédait la gloire à l'âge où tant d'autres n'ont que l'ambition et l'espérance. Il avait remporté le Grand prix de Rome pour la peinture, et, à ce titre, il était exempt de tout service militaire ; mais dans son âme élevée, il n'y avait de place que pour la patrie mutilée par l'ennemi.

Au moment de la guerre, Henri s'était rendu au Maroc, d'où il envoya son dernier tableau ; *Une exécution sous les rois maures de Grenade.* Il apprit dans son atelier le désastre de Reischoffen et revint promptement à Paris sa ville natale. Il entra dans un bataillon de la garde nationale.

Le 19 janvier, son bataillon était engagé près des murs crénelés du parc de Buzenval. Sans artillerie, les murs ne pouvaient être franchis. Les balles prussiennes pleuvaient sur Regnault et ses compagnons, qui ripostaient au jugé, ne voyant pas l'ennemi.

---

(1) H. ARNOUL

A cinq heures du soir la retraite sonna. Les amis du peintre l'appelèrent : « Non, dit-il, j'ai encore deux cartouches, je veux les brûler, il me faut un Prussien. »

On ne le revit plus.

Vingt-quatre heures après, un ambulancier qui passait remarqua le corps d'un jeune garde-national, frappé d'une balle au visage.

Il ouvrit la capote du mort et lut ces mots sur une feuille de parchemin fixée au revers du vêtement : Regnault, peintre, fils de Regnault de l'Institut.

Henri Regnault.

Lorsqu'on revint pour chercher le corps, on ne le trouva plus, et cinq jours plus tard, un ami de Regnault reconnut ses restes au Père-Lachaise.

Les funérailles d'Henri Regnault réunirent tous ce qui dans Paris aime à tenir une plume, un crayon, un ciseau ou une épée.

Les Prussiens allaient envahir Sèvres, lorsque Foury, tambour de la garde nationale se mit à battre le rappel. Un uhlan s'élance alors vers lui et le menace de lui brûler la cervelle s'il ne cessait aussitôt. Le tambour regarda le Prussien avec mépris et continua à battre de toutes ses forces. Une balle à la tête le tua sur place.

Tous les écoliers ont présent à la mémoire la belle mort des instituteurs Debordeaux de l'Aisne, Leroy, et Poulette de Châlons, tous les trois fusillés par les Allemands. Ce dernier, condamné à mort sur un simple soupçon, s'écria en allant au supplice : Venez, mes chers concitoyens, venez voir comment meurt un innocent (1) !

Citons encore quelques actes au hasard de la plume.

Le vieux soldat d'Afrique et de Crimée

Un peu avant cinq heures du soir, le 12 octobre 1870, les Allemands occupèrent Epinal.

Au moment où les vainqueurs descendaient le faubourg Saint-Michel, un incident dramatique fit palpiter bien des cœurs : sans se laisser toucher par les cris de désespoir de sa femme et de ses enfants, un homme sortit précipitamment de sa maison et se plaça au milieu de la route, genou à terre, épaulant sa carabine. Cet homme, nommé Dubois, ne songeait certes pas à lutter contre une armée entière, mais il voulait qu'en repassant le Rhin, le soldat de la Prusse emportât le souvenir d'un patriote français. Il y a de sublimes désespoirs, et cet homme préféra la mort à la douleur de voir ce barbare assis à son foyer.

Les Prussiens marchaient toujours, et lui le Français les laissait approcher. Lorsque les premiers rangs ne furent qu'à une centaine de pas, Dubois abaissa lentement sa carabine et fit feu. Un Allemand roula sur la route ; presque en même temps un autre coup partit, et fit tomber un Prussien hors des rangs.

Feu ! cria un officier. Une dizaine de coups de fusil retentirent ; Dubois fut comme lancé en arrière, mais retomba le visage contre terre. Il était foudroyé.

---

(1) Lire page 89 un glorieux anniversaire.

Arrivé à quelques pas du corps, celui qui avait commandé fit un signe. Deux hommes sortirent des rangs, prirent le cadavre par la tête et par les pieds, et le jetèrent dans un terrain vague.

Ainsi, mourut Dubois, le vieux soldat d'Afrique et de Crimée.

Le capitaine Anglade

Le 36e de ligne épuisait ses derniers efforts à Frœschwiller, lorsqu'il fut rejoint par une compagnie de turcos séparée de son corps. Cette compagnie était commandée par le capitaine Anglade. Complètement entourée par un bataillon bavarois, la compagnie Anglade fut sommée de se rendre. Un Bavarois qui parlait la langue française s'avance en disant : Bas les armes, la résistance est impossible. — Je m'en vais te le faire voir, répond Anglade, et il enfonce la lame de son sabre dans la poitrine du Bavarois. Le capitaine français n'a même pas le temps de retirer le fer, il tombe percé de cent coups de baïonnette. Le chevalier d'Assas n'a pas mieux fait.

Au drapeau! Au drapeau!

Le 36e de ligne était comme enfermé dans un cercle de fer, et des rangs entiers disparaissaient. Tout-à-coup le drapeau tombe avec l'officier qui le portait. Un lieutenant se précipite et le relève. Quelques hommes l'entourent et l'un d'eux s'écrie à haute voix : Au drapeau, camarades, au drapeau! Ils traversent ainsi le village de Frœschwiller. L'ennemi concentre ses feux sur cette vaillante troupe, le capitaine Pihet prend le commandement. Une grange ouverte se trouve sur leur passage, ils y entrent et barricadent la porte. Pihet saisit le drapeau, et tous creusant la terre avec leurs sabres enfouissent leur glorieux étendard. Mais dans la précipitation l'aigle d'or s'est détachée de la hampe. Les coups redoublés ont fait céder la porte, l'ennemi se précipite dans la grange; ce sont des Bavarois. Un de leurs officiers s'élance sur le soldat qui tenait encore l'aigle suspendue à la cravate tricolore et s'en empara. Après la guerre, un prêtre des environs, qui avait découvert le drapeau enfoui dans la terre, le rendit au 36e. Il fut reçu avec de grands honneurs, et le régiment défila devant ce lambeau de soie dont le blanc avait disparu sous de larges taches de sang.

Les braves qui avaient suivi le drapeau furent tous faits prisonniers. Couverts de blessures, ils marchèrent lentement sous les regards cruels de l'armée bavaroise. On les insulta dans la mort.

Les Thermopyles français

Avant l'entrée de l'armée de l'Est en Suisse, il y eut la bataille de la Cluse. Au plus fort du combat, sous le fort de Joux, une belle action s'accomplit.

Un Prussien se détacha des lignes, et s'adressant au général Robert : « Toute résistance est inutile, s'écriat-il, vous êtes tourné, il ne reste qu'à vous rendre. La réponse du général est aussi fière que celle de la vieille garde de Waterloo, elle est plus simple : « Pardon, répond Robert, avec une tranquillité sublime, il nous reste à mourir ! » Et il donna dix minutes au parlementaire pour rejoindre les siens. La fusillade recommença plus vive que jamais.

Cent cinquante hommes commandés par le capitaine Malespine occupaient le fort du Larmont. Pendant la chaleur de l'action, le capitaine demanda douze hommes de bonne volonté, pour arrêter l'ennemi pendant une demi-heure, en se plaçant dans le bois, sur les hauteurs du Larmont.

En effet, les douze hommes arrêtèrent les Prussiens; le lendemain seulement, on se mit à. la recherche de ces braves soldats. Tous étaient tués, et les douze corps couverts de neige rappelaient l'héroïsme des Thermopyles.

Maréchal Mac-Mahon.

Au nombre des victimes du combat de la Cluse figure le lieutenant-colonel Achilli. A un moment, le 44ᵉ de marche hésitait, et l'heure était suprême. Le dialogue suivant, s'établit entre Achilli et ses soldats :

« Qu'avez-vous donc? vous n'allez pas? — Mais nos camarades passent en Suisse ! — Eh bien! c'est votre gloire de rester en France. — Mais nous allons nous

faire tuer! — Sans doute ! c'est ce que je vous disais,
vous resterez en France. » Il prononçait ces paroles,
quand une balle lui traversa la poitrine, et il tombait
mort.

Le soldat Audié

Après la démonstration des Russes sur les hauteurs
de Balaclava, une sortie eut lieu. La compagnie de vol-
tigeurs du 1er bataillon du 74e s'est jetée en avant aux
premiers cris d'alerte. La bravoure et l'audace du soldat Audié pendant le combat le firent mettre à l'ordre
de son régiment le 21 octobre.

Au moment d'accorder les récompenses, le colonel
feuilleta le dossier de ce soldat, et trouva sur un de ses
feuillets qu'il avait été condamné, avant son entrée au
service, à deux mois de prison pour tapage nocturne
et bris de clôture.

En distribuant les récompenses accordées au régiment, le colonel Breton dit à Audié :

— Votre vaillante conduite m'a été signalée; je
vous dois les éloges que mérite votre bravoure, et si je
n'ai pas demandé une récompense pour vous, comme
pour vos camarades, vous savez pourquoi ; mais je dois
hautement rendre témoignage de votre belle conduite.

— C'est justice, mon colonel, répliqua Audié :
aussi je ne me plains pas, mais j'en ferai tant, que je
vous ferai oublier mon passé.

— Je prends acte de vos paroles, Audié, lui dit le
colonel ; tenez-la en brave soldat que vous êtes, et je
déchirerai ce feuillet.

Audié fit honneur à cet engagement contracté en
face de la compagnie. Dans la nuit du 15 janvier, il
appela encore par sa valeureuse conduite l'attention
de ses camarades; mais il fut grièvement blessé de

deux coups de feu. Le colonel fit savoir au général en chef comment Audié avait tenu parole en se battant comme un lion, et en refusant de quitter la tranchée après sa première blessure ; il déchira le feuillet et remit au brave la médaille militaire.

Malheureusement, la blessure d'Audié nécessita la désarticulation de l'épaule, et il mourut à Constantinople des suites de l'amputation.

L'Héroïne de Saint-Omer

Le ministre du commerce a présidé, durant l'année 1884, la cérémonie d'inauguration de la statue élevée par la ville de Saint-Omer, à Jacqueline-Robins. Nous croyons devoir rappeler la conduite courageuse de cette héroïne.

Les troupes alliées, commandées par le duc de Marlborough et le prince Eugène (1710), campaient depuis deux mois sous les murs de Saint-Omer lorsqu'une femme proposa aux membres de la commune d'aller à Dunkerque chercher des munitions et des vivres. Elle réussit dans cette entreprise qui paraissait impossible, fit plusieurs fois le voyage et ramena chaque fois une assez grande quantité de poudre et de mitraille pour permettre aux Audomarois de continuer à repousser les tentatives faites sur leur ville. Les alliés, du reste, furent forcés de lever le siège.

Telle est l'histoire de Jacqueline Robins. C'est à elle que Saint-Omer doit d'avoir échappé aux horreurs du pillage et de l'incendie et d'être demeuré une place française.

M. Lorrain a été chargé de fixer, sur le marbre, les traits de l'héroïne. La statue représente Jacqueline debout, appuyée sur la perche dont elle se servait pour diriger sa barque. Près d'elle est un tonneau de poudre caché sous un monceau de légumes d'où passent la poignée d'un sabre et le canon d'un mousquet.

L'inscription suivante a été placée sur le piédestal de la statue :

A L'HÉROÏNE AUDOMAROISE
SA VILLE NATALE RECONNAISSANTE
AU PÉRIL DE SA VIE
LA VAILLANTE FEMME APPROVISIONNA
DE MUNITIONS
LA VILLE DE SAINT-OMER
LE PRINCE EUGÈNE ET MARLBOROUGH
FURENT FORCÉS DE LEVER LE SIÈGE
1710
1710 — 1884
A JACQUELINE ROBINS

Seul !

Mon père, où donc vas-tu ? Je vais
Demander une arme et me battre !
— Non, père ! autrefois tu servais ?
A notre tour les temps mauvais !
Nous sommes trois — Nous serons quatre !

— Le jeune est mort : voici sa croix.
Retourne au logis, pauvre père !
La nuit vient, les matins sont froids.
Nous le vengerons, je l'espère !
Nous sommes deux. — Nous serons trois.

Père, le sort nous est funeste,
Et ces combats sont hasardeux ;
Un autre est mort, mais je l'atteste,
Tous serons vengés car je reste !
Il suffit d'un. — Nous serons deux

Mes trois fils sont là, sous la terre,
Sans avoir eu même un linceul.
A toi ce sacrifice austère.
Patrie ! et moi, vieux volontaire,
Pour les venger, je serai seul !

Eugène MANUEL.

A côté de l'héroïsme particulier des individus, il existe l'héroïsme général, celui de régiments entiers dans certaines batailles, et aussi celui de bon nombre de villes au moment des sièges. Dans ces circonstances solennelles, les soldats comme les habitants, deviennent souvent des héros ; tous n'ont qu'un cœur et qu'une âme, tous n'ont qu'un but : repousser l'ennemi et obtenir la victoire. De là les pages suivantes intitulées :

Charges célébres et Villes héroïques.

La charge d'Inkermann

(Novembre 1854.)

Le plateau sur lequel se livre le combat est étroit, resserré, inégal, entouré d'ondulations infinies du sol qui révèlent à tout instant de nouveaux ennemis marchant en colonnes épaisses. Cette mêlée qui dura plus de sept heures, défie toutes les descriptions et toutes les analyses. Actes d'héroïsme, terribles combats corps à corps, ralliements découragés, attaques désespérées dans les ravins, dans les broussailles ; voilà Inkermann !

Le brouillard avait disparu ; on commençait à se compter, à se voir. Que de morts entassés ! C'est sur la redonte placée au versant du plateau regardant la Tchernaïa que s'acharnent des masses sans cesse renouvelées. Le régiment des gardes combat pied à pied dedans et autour de cet ouvrage ouvert. Les Russes s'en emparent et sont repoussés à leur tour par les efforts désespérés de ces soldats d'élite dont chaque homme tombe un à un sans vouloir lâcher pied. Un instant l'ennemi environne ce beau régiment massacré et pousse un rugissement de joie qui s'étend au loin et se prolonge comme un funèbre écho. Les zouaves, les chasseurs à pied, les tirailleurs algériens n'attendent qu'un signal. Le général Bosquet parcourt leurs rangs, leur rappelle la gloire et l'énergie de leur passé :

Allez, mes zouaves irrésistibles ! Allez ! mes braves chasseurs ! crie-t-il d'une voix forte ; montrez-vous enfants du feu ! dit-il en Arabe aux tirailleurs algériens.

Un cri puissant lui répond qui domine le bruit du combat. Tous se précipitent à l'envi, profitant des irrégularités du sol, tantôt s'abritant derrière les hautes broussailles pour recharger leurs armes, tantôt s'élançant subitement sur ce terrain onduleux et brisé. On dirait à voir ces Africains, un troupeau de bêtes fauves déchaînées tout à coup ; les balles des Russes ne savent où les frapper ; ils appparaissent, disparaissent, se couchent ou se lèvent, mais combattent toujours.

« Ce sont des panthères qui bondissent dans les buissons s'écrie le général Bosquet en les suivant d'un regard plein d'admiration. »

C'est une guerre étrange que celle-là, qui sent le sol de l'Afrique avec ses ténébreux mystères, ses surprises, ses embuscades ; tantôt ils sont un à un séparés dispersés ; tantôt par une étrange spontanéité de pensées, ils se retrouvent serrés les uns contre les autres se précipitant sur les Russes stupéfaits.

Cependant les Russes concentrent une dernière fois leurs attaques sur le versant où s'élève la petite redoute anglaise ; leurs masses profondes ne peuvent se déployer ; pressés, étouffés pour ainsi dire, dans les dépressions du sol, dont elles se servent pour arriver aux crêtes supérieures, elles offrent une prise mortelle aux feux de nos tirailleurs et de notre artillerie. Pas une balle ne se perd ; des files entières sont enlevées par nos boulets ; les morts s'amoncellent, car l'obscurité ne protège plus nos ennemis, et ils ont contre eux le désavantage du terrain qui neutralise l'immense supériorité de leur nombre. La confusion se met dans leurs rangs ; à peine s'ils voient l'ennemi qui les frappe abrité qu'il est derrière les broussailles, et caché par des remparts de cadavres.

Alors un cri immense se répand dans les airs ; le général d'Autemarre lance ses bataillons ; le colonel Wimpfen est à la tête des tirailleurs algériens ; les commandants Dubos et Montaudon sont au milieu des zouaves ; on dirait une avalanche humaine qui déborde tout à coup. Les Russes s'arrêtent pétrifiés, il leur semble que la terre vient de s'entr'ouvrir pour vomir de nouveaux combattants. Ce n'est plus un combat, c'est une tuerie effroyable ; les bataillons sont bouleversés, écrasés, déchirés ; les vivants tombent pêle-mêle avec les morts. On tue ! on tue ! sans voir, sans regarder, sans comprendre ; les zouaves déchaînés arrivèrent ainsi sur la redoute où s'est entassé un gros d'ennemis qui fusille les héroïques débris du régiment des gardes ; ils l'entourent, l'enveloppent, l'escaladent et hachent sur les parapets, et dans l'intérieur, les Russes qui se défendent encore. L'ennemi fuit en désordre ; nos soldats, fous de massacre et de combats, le poursuivent jusqu'à l'escarpement des carrières qui forment la limite extrême du plateau, et le précipitent de ces hauteurs abruptes, où chaque homme trouve une mort certaine. Au fond de la vallée, les cadavres broyés s'entassent, comme ils s'entassaient tout à l'heure sur le plateau. L'endroit où eut lieu cet affreux carnage, qui mit fin au combat d'Inkermann conserva depuis le terrible nom d'*Abattoir*.

Le sol était à tel point encombré de morts et de mourants, que les chevaux ne pouvaient avancer. Dans certains endroits, ils étaient sur plusieurs rangs d'épaisseur : quelques-uns, retenus par les hautes broussailles, étaient restés debout. Les deux généraux en chef furent obligés de mettre pied à terre en se rendant au-dessus de la redoute, vers la crête extérieure du plateau.

Aussitôt que lord Raglan aperçut le général Bosquet, il alla à lui et, lui tendant la main :

« Au nom de l'Angleterre, lui dit-il, je vous remercie ! »

Charge de Palestro

(juin 1859)

Les abords de Palestro sont barricadés et vigoureusement occupés, l'ennemi ne peut avancer d'un pas dans la direction même du village, ni entamer les murs humains qui lui barrent le passage. Mais de nombreuses compagnies de chasseurs tyroliens se sont répandues au milieu des arbres, des maisons et des broussailles ; elles se glissent le long du canal, et couvrent aussi la colonne autrichienne qui s'avance résolûment, appuyée par son artillerie, dont la mitraille balaie le terrain devant elle.

Au premier bruit du combat, le colonel de Chabron a promptement fait abattre les tentes et mis ses zouaves sous les armes ; ils sont rangés en bataille, derrière un grand rideau de peupliers. Pendant que le colonel forme sa colonne d'attaque, quatre compagnies se déploient en tirailleurs au milieu des blés, qui les cachent entièrement.

L'ennemi marche toujours, ses balles et ses boulets le précèdent comme des messagers de mort. Les Piémontais font bonne résistance et combattent avec acharnement ; mais les Autrichiens vont les prendre à revers. Les zouaves guidés par leur colonel s'élancent au pas de course et longent le canal, abrités par les blés ou masqués par les peupliers et les saules qui croissent sur les berges.

Aussitôt que l'ennemi aperçoit cette colonne, il dirige sur elle le feu d'une batterie. Autour de cette batterie très favorablement placée sur une éminence, s'étaient groupés de nombreux chasseurs tyroliens ; leurs balles bien dirigées arrivent en plongeant. Plus les zouaves avançaient, plus le terrain les laissait à découvert. Le moment est décisif, il faut enlever la position.

Le colonel fait battre et sonner la charge et se lance sur la batterie ennemie aux cris de *vive la France ! vive l'Empereur !* Pour atteindre les canons ennemis, il faut franchir le canal. Les zouaves continuent leur course, et sans hésiter, s'élancent dans l'eau qui parfois leur monte aux épaules.

Tout à coup, du milieu des blés où sont embusqués les Tyroliens, part une fusillade presque à bout portant ; des boîtes de mitrailles renversent les premiers rangs, nos soldats répondent par des cris furieux, et, sans faire usage de leurs armes, gravissent la berge opposée, couverte d'une vase épaisse dans laquelle ils s'enfoncent jusqu'aux genoux.

On n'a plus qu'un pas à faire pour toucher la bouche des canons. Les artilleurs autrichiens, stupéfaits de tant d'audace, n'ont pas même le temps de mettre le feu à leurs pièces. En vain ils veulent les ratteler, les terribles baïonnettes des zouaves clouent sur place ceux qui cherchent à se défendre. L'infanterie culbutée se disperse dans toutes les directions. Cinq pièces de canon sont en notre pouvoir.

Le régiment, auquel son colonel donne l'exemple d'un irrésistible élan, se reforme aussitôt en colonne. Sans reprendre haleine, il s'élance d'un bond à travers les rizières, où le sol marécageux se change parfois en bourbiers profonds. Les chefs entraînent leurs soldats ; sur la route, c'est le commandant de Briche ; ici, le commandant Moulin ; là, le commandant Bocher, dont le bataillon forme la réserve. Qu'importe la fusillade, aucun obstacle ne peut les arrêter. Un large champ abritait les tirailleurs, ils l'envahissent. Fous de rage, les zouaves tuent pêle-mêle tout ce qu'ils rencontrent ; les blés sont rougis de sang et broyés sous les pieds des combattants. Ils atteignent ainsi la route. C'est alors que l'on voit passer au plus rapide galop de son cheval, Victor Emmanuel, le sabre à la main, il court au combat. Le roi, vaillant parmi les plus vaillants, se

jette audacieusement dans la mêlée. Sur sa trace
accourent les bataillons sardes. Soutenus et dégagés
par l'audacieuse attaque des zouaves, ils reprennent
l'offensive. Bientôt les soldats des deux nations sont
mêlés ensemble, frères dans le combat et dans la mort.
Comment peindre cette course impétueuse, cet élan
infatigable, cette puissance d'action, cette force presque
surhumaine qui entamaient les rangs serrés des Autrichiens, les prenant corps à corps, les renversant et
semant de tous côtés le désordre et la mort. Les Autrichiens repoussés arrivent au pont jeté sur la Brida.
Là, dans une ferme composée de plusieurs grands
bâtiments, ils se sont fortement retranchés. Des berges
de la rive opposée, de l'intérieur d'un moulin crénelé
et d'un bois d'acacias qui borde la rivière, l'ennemi
commence un feu violent. Les zouaves se sont arrêtés
pour prendre haleine, mais déjà la voix de leurs officiers les rappelle au combat, et réunis en une seule
colonne, ils se précipitent sur les canons, sur le pont,
sur la ferme. En un instant les canons sont à nous, le
pont, sur lequel sont étendus dans leur sang les artilleurs qui se sont fait tuer à leurs pièces, est couvert de
nos soldats, la ferme où les Autrichiens ont transporté
un grand nombre de soldats est enveloppée de toutes
parts. Sur les berges, la lutte est terrible; les défenseurs
du moulin épouvantés de cette avalanche de démons,
quittent leurs créneaux et leurs fenêtres et se précipitent, se jetant d'eux-mêmes dans la mort. Ceux-ci
s'accrochent de leurs mains désespérées, aux broussailles épaisses qui bordent les rampes abruptes et cherchent encore à combattre; d'autres se rendent et met-
tent bas les armes.

Au milieu du bruit de la fusillade qui continue sur
la route, et des décharges d'artillerie, on entend le
bruit sourd des corps qui tombent dans l'eau. C'est
alors un spectacle vraiment affreux. Cette masse
d'hommes dont le dixième peut à peine passer, se jet-

tent à droite dans la Sesia, les autres à gauche dans le canal qui, très profond en cet endroit, les engloutit presque tous.

Des deux côtés de ce malheureux pont encombré d'un monceau de cadavres, plus de 500 Autrichiens s'en allaient à la dérive. Bien peu y arrivèrent, mais ceux qui eurent ce bonheur, trouvèrent encore, pour les sauver, une main généreuse. Des zouaves descendirent les berges escarpées pour leur tendre leurs carabines et les tirer de l'eau.

Cependant l'ennemi soutenu par ses réserves se rallie en grosses masses derrière le pont et continue sur la colonne des feux d'ensemble. A la voix de leur colonel, les zouaves s'élancent de nouveau. Le sous-lieutenant Henry s'est jeté le premier en avant en agitant le drapeau, il tombe. Le sergent Lafont saisit l'aigle glorieux du régiment ; mais il a fait à peine quelques pas qu'il tombe aussi en tendant au sous-lieutenant Souvervie ce précieux dépôt déchiré par la mitraille. Le lieutenant Gouté, la poitrine traversée d'une balle, anime encore ses soldats d'une voix défaillante; chacun rivalise d'ardeur, de courage et de résolution.

A ce moment, la victoire nous était complètement acquise, et le général Bourbaki pouvait dire avec une noble fierté : Nos soldats ont aujourd'hui accompli l'impossible !

Les cuirassiers à Reischoffen
(6 Août 1870)

L'affaire commença au point du jour par quelques escarmouches d'avant-poste. A huit heures, les Français ouvrirent un feu assez nourri contre Wœrth; à deux heures, le combat est engagé sur toute la ligne, longue de six kilomètres; vers quatre heures, après une lutte opiniâtre contre les troupes fraîches qui viennent d'heure en heure renforcer l'armée allemande, les Français se jettent sur leur ligne de retraite. Nos forces engagées au début de l'action étaient de 33,000 hommes; celles de l'ennemi s'élevèrent jusqu'à 140,000.

Cette journée coûta à l'armée française 10,000 hommes tués ou blessés, plus de 4,000 prisonniers, 30 canons, 6 mitrailleuses et 2 aigles. L'armée allemande accuse une perte d'environ 11,000 hommes tués, blessés ou disparus.

Le changement de front que le maréchal de Mac-Mahon fit opérer à ses troupes sous le feu de l'ennemi fut un trait de génie; il en dut le succès au dévouement héroïque des cuirassiers et des chasseurs. On raconte ainsi ce sublime fait d'armes :

La France avait gardé l'avantage, et l'effort de deux armées n'avait pu réussir à déloger nos troupes des positions où le Maréchal les avait échelonnées. Tout-à-coup, des bois sombres qui cachaient l'ennemi aux yeux de nos soldats sort une troisième armée. Il ne pouvait être question de faire battre contre des troupes fraîches une avant-garde décimée par une lutte héroïque. La retraite devenait nécessaire devant l'avalanche de Prussiens. Il fallait opposer un obstacle à la marche de l'ennemi et sauver le gros de l'armée. Il fallait une hécatombe en travers de la route pour changer la face du combat. Le maréchal, décidé à céder le champ de bataille, donne un ordre à un régiment de cuirassiers, le 9e. Pour ceux-ci, il ne s'agit plus de vaincre, mais de mourir. Le signal du Maréchal équivaut à un suprême adieu. Tous devaient se sacrifier jusqu'au dernier, tous le savaient, et tous s'élancent au cri de : Vive la France! courant ventre à terre à ce trépas comme à une fête militaire, les cuirassiers font osciller, puis reculer l'armée ennemie; ils la trouent comme un boulet gigantesque. Ils font le vide autour d'eux. Sabrant, hachant, anéantissant des régiments entiers, ils sont toujours debout, toujours pressés: ils ont vu se rétrécir sans cesse le cercle de feu qui devait les dévorer. Enfin cette trombe de fer tournoya sur elle-même ; par un suprême effort, les éclairs des épées brillèrent une dernière fois ; puis les masses noires des ennemis que sabraient les cuirassiers, passèrent comme une marée sur les corps sanglants de ces héros. Les cuirassiers de Reischoffen avaient tenu une heure contre une armée entière.

La France possédait dix magnifiques régiments de cuirassiers. Dans cette seule journée six furent sacrifiés. Les Allemands ont écrit : « Les cuirassiers français se jetèrent sur nos troupes avec une sauvage impétuosité et avec un héroïque esprit de sacrifice. » Le lendemain de la bataille, Mac-Mahon répondant à une question. disait tristement : *Les cuirassiers ! Il n'en reste plus* !

Au plus fort de la bataille, on vit un de ces cavaliers auquel un boulet venait d'enlever la tête, rester sur son cheval emporté. Ce fantôme, balancé par la mort. chargeait en tête des escadrons, le sabre en main. Ce fait incroyable est absolument historique.

Y avait-il là un fatal symbole ?

Les Cuirassiers de la Garde à Rezonville

— 16 Août 1870 —

Dernièrement, la garnison du Mans a rendu les honneurs funèbres à un des soldats qui ont fait le plus d'honneur à l'armée française, au colonel Dupressoir, qui commanda la célèbre charge des cuirassiers de la garde à Rezonville.

A cette occasion, l'un des braves qui prirent part à la charge, a publié le récit suivant qu'il avait crayonné le soir de la bataille sur les lieux mêmes de l'action.

Le temps qui était épouvantable depuis huit jours, s'était enfin remis au beau dans la journée du 12 août.

La division de cavalerie de la garde, après avoir soutenu la retraite des différents corps d'armée qui venaient se concentrer sous Metz, pour former l'armée du maréchal Bazaine, s'était repliée à son tour en arrière du village de Borny.

Depuis le 5, elle marchait jour et nuit par une pluie battante; hommes et chevaux étaient harassés de fatigue. La journée du 13 fut calme. Le 14, à quatre heures du soir, commença le combat de Borny, qui ne prit fin qu'avec le jour, et le mouvement de retraite de l'armée sur la rive gauche de la Moselle, un instant interrompu, se continua pendant la nuit.

Le régiment de cuirassiers de la garde se mit en route à une heure du matin, le 15 ; et, après une marche de nuit des plus pénibles à travers les rues étroites de la ville, encombrées de troupes et de convois, il vint s'installer au bivouac pour quelques heures, au *Ban Saint-Martin.*

A une heure de l'après-midi, on remonta à cheval pour venir prendre position à hauteur de la porte de Gravelotte, en avant de la bifurcation des deux routes de Metz à Verdun, où l'on arriva à huit heures du soir.

Il faisait une chaleur étouffante.

Le lendemain, 16 août, les cuirassiers attendaient, la bride au bras, depuis quatre heures du matin, quand vers dix heures, le canon gronde dans la direction du sud et, presqu'aussitôt, la division de cavalerie de réserve du général de Forton se replie précipitamment, ayant été brusquement assaillie par de l'infanterie et de l'artillerie débouchant des bois en avant d'elle.

La brigade de cavalerie de réserve de la garde se porte aussitôt en avant et vient s'établir à gauche de la route de Verdun, en arrière du village de Rezonville. Les cuirassiers se placent à la gauche sur l'alignement des carabiniers, et se forment sur trois lignes à cent pas de distance : les 4e et 6e escadrons en première ligne, les 2e et 3e en deuxième, le 1er en troisième ligne.

A peine étaient-ils en position, que le général Frossard, dont le corps d'armée était impuissant à soutenir les efforts de l'ennemi, accourt au galop et interpellant le colonel Dupressoir :

— Colonel, lui dit-il, faites charger votre régiment où nous sommes perdus!

Presqu'en même temps le maréchal Bazaine arrive. D'un coup d'œil, il se rend compte de la situation critique du combat ; il voit l'ennemi commençant à gravir, sous la protection d'un feu écrasant d'artillerie, les pentes qui s'élèvent du fond du ravin de Flavigny jusqu'au village de Rezonville, et notre artillerie, hors d'état de se mettre en batterie sous le feu bien réglé de l'adversaire, qu'une puissante diversion peut seule arrêter.

— Il faut sacrifier un régiment, dit-il.

Et se tournant vers le colonel du 3ᵉ lanciers, dont le régiment se tenait un peu en avant de la droite des cuirassiers :

Colonel, lui dit-il, chargez. Et vous, colonel Dupressoir, appuyez la charge si c'est nécessaire.

Le 3ᵉ lanciers s'élance avec ardeur, mais il se jette trop à droite vers la route, et l'intensité du feu de l'ennemi l'oblige à faire demi-tour aux deux tiers du chemin, non sans avoir éprouvé des pertes sérieuses.

Voyant son mouvement de retraite, le colonel Dupressoir porte ses cuirassiers en avant.

Mais avant d'entrer dans le récit de cet acte héroïque, quelques détails sur le terrain et les positions de l'ennemi nous paraissent utiles à donner.

Le régiment de cuirassiers était formé sur trois lignes, un peu en arrière de la crête du terrain, à hauteur du village de Rezonville. En avant de lui, le terrain s'abaissait par une pente assez douce jusqu'au ravin de Flavigny, au fond duquel les Prussiens s'étaient arrêtés, pour recevoir les charges de notre cavalerie. La crête qui dominait le ravin de leur côté était hérissée de canons qui nous couvraient d'obus et de mitraille.

En voyant le mouvement de nos escadrons, les Prus-

siens, ainsi que nous venons de le dire, s'étaient arrêtés, et trois compagnies, appuyant leur gauche au
hameau retranché de Flavigny, s'étaient formées en
carré et échiquier, la compagnie du centre un peu en
arrière des deux autres, et leur ensemble présentant
un véritable entonnoir de feu.

Au commandement du colonel Dupressoir, l'héroïque régiment s'ébranle au pas et se dirige sur l'aile
droite de la ligne ennemie, insensible à la pluie de projectiles qui l'assaille. Les trois lignes s'avancent alignées
comme sur un terrain de manœuvres. Après avoir parcouru environ trois cents mètres, le colonel fait sonner
« au trot » ; enfin, lorsque la 1re ligne arrive à 300
mètres des lignes prussiennes, qui avaient ouvert un
feu terrible de mousqueterie par les cinq faces des carrés qui avaient lieu sur l'attaque, le lieutenant-colonel
l'entraîne à la charge. L'élan de cette première ligne
vient se briser contre un fossé creusé à 50 mètres en
avant des carrés, et dans lequel la moitié des 4e et 6e
escadrons s'entassent pêle-mêle. La 2e ligne qui a vu
l'obstacle, peut l'éviter en appuyant à gauche, et vient
mourir sur les baïonnettes ennemies. Enlevant alors sa
3e ligne, le colonel Dupressoir s'élance à son tour contre ces citadelles vivantes, mais ses efforts viennent se
briser contre une muraille d'hommes et de chevaux,
qui forment maintenant un horrible rempart à l'ennemi.

Tout était fini, il n'y avait plus qu'à se replier le plus
vite possible pour éviter les atteintes d'un régiment de
hussards, chargeant à son tour les débris de ce magnifique régiment, et sabrant les quelques cavaliers isolés
qui galopaient encore dans la plaine.

Les restes du régiment vinrent se reformer derrière
le Bois des Ognons. Le colonel Dupressoir, qui, blessé
légèrement était resté sur le champ de bataille, avait
pu éviter d'être pris, grâce au dévouement d'un cui-
rassier, qui lui avait donné son cheval.

Quand l'ordre fut un peu rétabli, on se compta et

l'on procéda à cette opération, si triste dans de semblables circonstances, et qui se nomme l'appel. — 185 hommes sur 600 et 12 officiers sur 40 y répondirent seuls. Un certain nombre revint dans la soirée; plusieurs étaient prisonniers, mais le régiment de cuirassiers de la garde n'existait plus. Il dormait enseveli dans sa gloire au fond du ravin de Flavigny.

Le combat d'Orléans
— 11 Octobre 1870 —

Il est deux heures. C'est le moment où l'attaque des ennemis devient la fureur, la résistance des Français l'héroïsme.

La bataille était dès lors dans Orléans. Les canons bavarois bombardèrent bientôt les Aydes et le faubourg Bannier. On voyait les fantassins ennemis qui se glissaient le long des arbres et dans les fossés. Un feu terrible éclata sur eux : la légion étrangère était là.

Etrange histoire que celle de toutes les vies que, devant les murs d'Orléans, la légion étrangère venait donner à la France comme à une patrie préférée. Ces hommes intrépides qui nous défendaient alors, ils étaient nés sur toutes les terres du monde : beaucoup parlaient à peine la langue du pays pour lequel ils répandaient leur sang.

Gens de cœur et gens d'aventure, exilés ou désœuvrés, tous étaient soldats avec passion ou par métier. Quelques-uns, c'était la haine de nos ennemis qui les avait attirés ; d'autres, c'était l'honneur de nos armes, l'orgueil d'entrer dans les rangs d'un peuple fameux à la guerre.

Autrichiens, Suisses, Belges, Valaques, Espagnols, Italiens, enfants de toutes les nations se battaient comme des Français pour la glorieuse et pauvre France. Quels qu'ils fussent, tous suivaient avec amour le drapeau de la France ; et j'ai hâte de le dire pour rendre hommage à leurs morts, ils ont été dignes de lutter et de tomber dans une si noble défaite, sous les plis d'un drapeau si longtemps victorieux.

Nous l'avons dit, il était alors deux heures. Les Bavarois sans doute croyaient à un triomphe facile et prochain ; mais le combat allait devenir terrible et durer jusqu'à la nuit.

Le commandant Arago n'avait point d'ordres. Pour lui et ses officiers, il ne s'agissait que de tenir là, d'arrêter l'ennemi et de se faire tuer. Il était homme à comprendre son devoir. A pied, debout au milieu de la chaussée, une canne à la main, fumant sa cigarette, il paraissait tranquille sous les balles et les boulets qui convergeaient et s'engouffraient pour ainsi dire dans la rue. Mais sur son pâle visage, ceux de ses officiers qui le connaissaient bien devinaient l'amère tristesse qu'il éprouvait à voir, abandonnés devant l'ennemi, tous ces hommes dont beaucoup déjà couvraient autour de lui la rue de leurs cadavres. Il se tordait les moustaches : il était inquiet. Cependant les soldats l'entendaient crier : « Courage, mes amis ! En avant ! » Ils l'apercevaient fier et bravant la mort ; souvent ils allaient lui dire : « Mon commandant, prenez garde à vous ! » On l'engageait à se rapprocher des murs. Arago écoutait, remerciait d'un geste et restait à sa place, suivant du regard et l'ennemi et ses troupes.

Le feu était épouvantable. Les soldats de la légion se tenaient la plupart le long des maisons : ils armaient leur fusil, s'avançaient sur le voie et tiraient. Beaucoup étaient couchés ; d'autres à genoux. Pas un qui tremblât. Dans cette guerre de rue, il y eut des prodiges de dextérité et d'audace. Un sergent de la légion étrangère, homme d'un sang-froid extraordinaire et le plus habile tireur du régiment, s'était posté derrière une lucarne qui regardait l'ennemi : de là il visait comme à la cible, il choisissait celui qu'il voulait tuer, et tandis qu'on les comptait à côté de lui, il

en abattait quatre-vingts sur la route et devant les
Aydes; effroyable puissance de son arme et de son
coup d'œil! Un soldat qui se tient derrière un tas de
planches et de poutres, dans la cour d'un charron, ne
tire pendant une heure que sur ceux qui s'avancent
isolément: il n'en laisse pas un seul faire un pas de
plus; et quand les Bavarois, jugeant impossible en ce
moment de pénétrer à travers tant de balles si sûrement lancées, essayent d'entrer par la rue de Fleury,
notre soldat les a suivis: il veut rester face à face avec
eux. Appuyé sur des roues, derrière une haie, il continua longtemps la fusillade avec la même adresse,
jusqu'à ce que, blessé au pied, il tomba et fut jeté par
une fenêtre chez un habitant qui le soigna et le guérit.
Des chasseurs du 5e s'étaient mêlés à la légion dans le
désordre de la bataille. L'un était monté sur les branches d'un large noyer. Caché dans l'arbre, il envoyait
la mort de ce vert feuillage où le matin sans doute les
oiseaux chantaient. Il tournait à droite et à gauche
son adroit fusil, tuant ou blessant douze ennemis en
moins d'une heure. Un autre chasseur a remarqué sur
un des côtés du même chemin, un excavation qui res-
semble à un fossé: il va s'y embusquer. Une balle
l'abat. Un second accourt, car la place est bonne. Il
relève un peu son camarade; à la hâte il le met en
travers devant lui, et ce corps encore chaud devient
son rempart. Il tire de là comme à coup sûr. Furieux
de leurs pertes, cinquante ennemis le visent à la fois.
A son tour le voilà renversé. Mais, admirable obsti-
nation de l'héroïsme! ce trou rempli de sang, qui
porte un cadavre au rebord, un cadavre dans sa pro-
fondeur, on dirait qu'il attire ces soldats avides de se
battre: ils n'y aperçoivent point la mort; ils n'y voient
qu'un avant-poste d'où l'on peut tuer des ennemis. Un
troisième vient donc s'y établir, mieux protégé par les
deux hommes qui le couvrent qu'ils ne l'avaient été eux-
mêmes; plus longtemps qu'eux, il tire sur les Bava-

rois; mais à la fin, lui aussi tombe et expire. Ce ne fut pas le dernier. Un quatrième s'y précipite, s'abrite derrière cette barrière de cadavres, se bat avec la même ardeur, appuyant son fusil sur les morts, et se fait tuer à la même place... On les trouva tous quatre l'un sur l'autre, étendus dans le même repos, victimes du même sacrifice. Comment se nommaient-ils ces braves! Dieu seul le sait. Nous n'avons gardé d'eux que le souvenir de cette sublime énergie.

Il était trois heures. Aux Aydes, l'ennemi n'avançait pas. C'est vers ce moment que mourut le commandant Arago. Comme son clairon sonnait près du mur et s'y appuyait, Arago voulant donner un ordre lui crie : « Assez! » Ce clairon n'entendit point. Arago fit trois pas vers lui en répétant : « Assez! » Au moment où il le touchait de la main, une balle vint le frapper au cou : il tomba roide. Ses soldats le ramassent et le portent, en pleurant, chez un boucher qui le reçoit sur son lit. Le commandant Arago était déjà inanimé. Tous ceux qui le virent au combat ont regretté en lui un héros, et la France dira qu'il a honoré le grand nom qu'il portait.

Tel fut un glorieux épisode du combat d'Orléans. Pendant près de huit heures, moins de six mille soldats, laissés sans ordre, avaient résisté à plus de quarante-cinq mille homme. Et dans un temps où le drapeau de la France semblait abattu presque partout on les avait vus, sans indiscipline, sans découragement, sans murmure, faire le sacrifice de leur vie à l'honneur de la patrie, de leurs officiers et de leur régiment. « Pas un soldat n'eut de défaillance », disait le lendemain dans son rapport, le lieutenant-colonel de Jouffroy.

« Pas un ne recula. Dormez, morts héroïques ! » Dormez, vous dont la France a reçu l'hommage d'un sang si généreux ! Dormez, vous, ses enfants ; et vous aussi étrangers, qui tombiez pour la défense d'une

terre qui n'avait porté ni votre berceau ni celui de
vos mères. Dormez dans la confiance de son admiration

Les cuirassiers à Reischoffen.

et de sa pitié, vous tous à qui Orléans doit le souvenir de l'immortel combat auquel vous avez associé
son nom. (A. BOUCHER).

Victoire de Coulmiers

(9 novembre 1870.)

Le sergent Bérail raconte ainsi quelques épisodes de cette bataille, gagnée par le brave général d'Aurelle de Paladines.

Le jour commençait à paraître, lorsque les tambours et les clairons retentirent dans le camp. Nous prenions nos places compagnies par compagnies, dans un profond silence. Le froid était vif et le ciel très sombre. Un brouillard épais cachait tous les horizons. Lorsqu'il se dissipa, un spectacle magnifique frappa les plus indifférents. C'était l'armée française rangée en bataille sur deux lignes, calme, confiante, et attendant le combat avec la froide énergie des vieux soldats. Au plus loin que portaient les regard dans les champs unis et dépouillés, nous voyions des bataillons. On se mit en marche. Au loin, vers la Loire, nous apercevions des massifs d'arbres qui entouraient châteaux et fermes. Un clocher se dessinait sur les hauteurs de Baccon.

On ne voit pas un Allemand, mais chacun de nous semble deviner que l'ennemi est caché derrière les murs crénelés des châteaux et des fermes.

A neuf heures et demie nous marchions toujours lorsqu'un coup de canon retentit et nous fait dresser la tête. Le capitaine de ma compagnie, un ancien, dit à haute voix : Attention !

Ce coup de canon isolé produit plus d'émotion que n'aurait pu faire la décharge d'une batterie.

Nous voyons passer un officier, dont le cheval est lancé à toute vitesse; il jette ces mots à notre chef de bataillon : « C'est le 15e corps qui attaque à droite ». Le bruit formidable de l'artillerie remplit l'air et l'on dit dans les rangs que la position de Baccon est prise d'assaut après deux charges à la baïonnette. La division du 16ᵉ corps, dont je fais partie, est mise en marche sur Coulmiers. Vers midi, nous atteignons les jardins qui entourent le village, et chacun de nous s'embusque de son mieux. Les balles sifflaient et les obus éclataient de toutes parts. Je me glissais d'arbre en arbre, le corps plié en deux, mais je ne pouvais viser à cause d'une épaisse fumée. « Réglez-vous les uns sur les autres, criait le capitaine, qui n'avait pas le sabre à la main, et nous poussait en avant ou nous retenait. Il ne se gênait pas non plus pour se servir de sa canne; mais il était si brave et si bon que nous nous serions tous fait massacrer pour lui. Au moment où nous allions entrer dans Coulmiers, le 7ᵉ chasseurs occupait notre droite, et le 31ᵉ de marche notre gauche. A la tête du 31ᵉ, son colonel entraînait le régiment. Lorsque je le vis chanceler, puis tomber mort, je demandai son nom et je sus qu'il était M. de Fonlonges.

Pendant un instant, nous fûmes arrêtés, puis repoussés. Le général Barry, commandant la division, parut à cheval au milieu de nous, mit pied à terre, et montrant de sa canne les Bavarois, jeta le cri de : Vive la France! Nous répétons ce cri en nous lançant sur le village. Il est en flammes et nous nous battons corps à corps dans les rues, dans les cours et même dans les maisons. Je me sers de ma baïonnette rouge de sang, je casse des têtes à coups de crosse, je ne me connais plus, ma vue est troublée, un bruit formidable m'étourdit, je suis d'une force prodigieuse, et la poudre m'a enivré. Mes lèvres sont sèches et je ne m'aperçois même pas qu'un filet de sang coule de mon front.

Les Bavarois fuient de tous côtés et l'on sonne le ralliement, lorsque le jour finit au milieu de la pluie et de la neige qui commençait à tomber. On reprend les rangs et l'on compte ceux qui restent.

Hélas! combien ne sont plus là, qui, le matin, joyeux et pleins d'espoir, parlaient du lendemain! Pour nous, y a-t-il un lendemain?

J'ai remarqué que pendant les haltes, lorsque le danger n'était pas grand, un certain nombre de camarades, ne cessaient de parler à haute voix comme pour s'étourdir; d'autres au contraire semblaient méditer en silence. Les anciens soldats habitués à la guerre, promenaient autour d'eux des regards indifférents.

Vers le milieu de la journée, pendant une marche pénible, le général d'Aurelle était arrivé près de nous. Accablé de fatigue, le front soucieux, il nous vit défiler. Ce n'était pas un jeune homme mais un rude vétéran à la physionomie sévère. On le redoutait tout en l'aimant. Je crois, en vérité, que le général d'Aurelle nous regardait en disant : Allons, enfants, encore un coup de collier !

J'ai aussi d'autres souvenirs précieux de la bataille de Coulmiers. Deux ou trois fois par heure, nos batteries cessaient un instant leur feu et se reportaient rapidement plus près de Coulmiers. En passant près d'une batterie qui recommençait son tir, je remarquai que les boulets et les obus pleuvaient sur nos pièces qui répondaient furieusement. Les canonniers et les chevaux tombaient de tous côtés. Je fus saisi d'admiration en voyant le colonel d'artillerie de Noue debout sur un tertre, auprès d'une ferme abandonnée; sa lorgnette à la main, quelques fourriers autour de lui, le colonel, calme, tranquille comme dans un salon, envoyait partout ses ordres, commandant sans la moindre émotion, suspendant un mouvement, dirigeant le feu ou pressant la marche en avant. L'image de ce colonel est restée dans mon souvenir comme le suprême effort de l'homme sur la nature, comme la victoire la plus complète d'un cœur de soldat remplissant son devoir.

Au moment le plus terrible de l'attaque de Coulmiers, les mobiles de la Dordogne, (22e régiment) passèrent près de nous d'un pas rapide. Quoique le silence fut recommandé, les chefs laissaient ces braves gens chanter en patois les refrains de leur pays. Pauvres enfants du Midi à peine couverts de vêtements déchirés ! Ils marchaient fièrement, et l'on devinait à leurs allures les robustes paysans, un peu sauvages, naïfs, qui allaient à l'assaut sous une grêle de balles et mouraient en chantant. Nous écoutions ces chants patois que nous ne comprenions pas, et ces fils des lointaines provinces nous saluaient en passant de leur adieu : *Adicias* ! *Adicias* !

L'intrépide général Barry se place en tête des mobiles de la Dordogne ; le capitaine d'état-major de Gravillon tombe près de son général ; le commandant de Chadoix et plusieurs officiers sont au premier rang et l'ennemi ne peut résister à cette furie.

Sur un autre point du champ de bataille, les mobiles de la Sarthe font de cruelles pertes. Les rangs s'éclaircissent sous les coups répétés de l'artillerie bavaroise ; il y a une sorte d'inquiétude. Alors, dominant le bruit de la bataille, une voix se fait entendre, vive, gaillarde : « *Allons, les Manceaux ! est-ce que nous allons reculer ?* » C'est un jeune conscrit moins ému du danger que de l'honneur de la province. Le mot passe, brave et gai ; on crie dans tous les rangs : « *Non, non, les Manceaux ne reculeront pas !* » Le colonel de la Thouanne qui commande les Manceaux, les exalte par son exemple. Tous les officiers tiennent bon sous les obus ; l'un d'eux, volontaire de dix-huit ans, Paul de Chevreuse tombe blessé à la jambe. Ses hommes veulent l'emporter : « Non, non, dit l'héroïque jeune homme, marchez à l'ennemi ; en avant ! mes camarades ; » et pour s'écarter de la route, il se traîne sous un arbre où son frère, le duc de Luynes, vient le chercher sept heures plus tard.

Cependant, le soir de ce jour, vers six heures, la ville d'Orléans était tout émue du bruit du canon. On ne savait rien, et mille récits contradictoires portaient tour à tour l'espoir ou la terreur dans les âmes. La nuit venue depuis longtemps et la neige qui tombait épaisse n'empêchaient pas les habitants de se presser aux portes de la ville. Les volontaires de Cathelineau venaient annoncer la grande victoire et la délivrance d'Orléans. Avec les Vendéens marchait un bataillon des mobiles de la Dordogne. Ces braves enfants, couverts de neige et de pluie, traversèrent les rues au milieu d'une population en délire. Les femmes versaient des larmes, les hommes se mêlaient aux soldats, les fenêtres s'illuminaient, chacun offrait ce qu'il possédait, même des fleurs. « C'est la France qui rentre à Orléans » cria une voix, et mille échos répétèrent : Vive la France !

Le lendemain de la bataille de Coulmiers, le général d'Aurelle adressa ce modeste ordre du jour à ses troupes :

« La journée d'hier a été heureuse pour nos armes ; toutes les positions attaquées ont été enlevées avec vigueur ; l'ennemi est en retraite. Le gouvernement informé par moi de votre conduite, me charge de vous adresser ses remerciements, je le fais avec bonheur.

» Au milieu de nos malheurs, la France a les yeux sur vous, elle compte sur votre courage ; faisons tous nos efforts pour que cet espoir ne soit pas trompé. »

De son côté, le ministre de la guerre, Léon Gambetta, accouru de Tours au quartier-général de l'armée de la Loire adressa aux troupes cette proclamation enthousiaste :

» Soldats de l'armée de la Loire,

» Votre courage et vos efforts nous ont enfin ramené la victoire, depuis trois mois déshabituée de nos drapeaux. La France en deuil vous doit sa première consolation, son premier rayon d'espérance.

» Je suis heureux de vous apporter, avec l'expression de la reconnaissance publique, les éloges et les récompenses que le gouvernement décerne à vos succès.

« Sous la main de chefs vigilants, fidèles, dignes de

vous, vous avez retrouvé la discipline et la force. Vous nous avez rendu Orléans, enlevé avec l'entrain de vieilles troupes depuis longtemps accoutumées à vaincre.

» A la dernière et cruelle injure de la mauvaise fortune, vous avez montré que la France, loin d'être abattue par tant de revers inouïs jusqu'à présent dans l'histoire, entendait répondre par une généreuse et vigoureuse offensive. Avant-garde du pays tout entier, vous êtes aujourd'hui sur le chemin de Paris. Redoublez donc de confiance et d'ardeur. Retrouvez cet élan, cette furie française qui ont fait notre gloire dans le monde, et qui doivent aujourd'hui nous aider à sauver la patrie.»

Le combat de Loigny

(2 décembre 1870)

Quand Chanzy avait demandé l'appui du 17ᵉ corps, le général de Sonis qui le commandait se trouvait à Patay. Le 1ᵉʳ et le 2ᵉ bataillon des zouaves pontificaux y arrivèrent le matin du 2 décembre. Campés dans un champ, à gauche du bourg, ils entendirent vers huit heures, le canon qui grondait au loin ; puis, ce ne fut plus que comme un long et faible murmure qui s'exhalait à l'horizon. A midi ils étaient en route : le 1ᵉʳ bataillon avec le général de Sonis s'avança sur Villepion. Comme il venait de se poster à l'un des angles du parc, à l'abri de quelques arbres et de trois meules, il vit la cavalerie du prince Albert accourir au galop : le commandant Barratte avait fait pointer contre elle ses pièces de 8 et sa batterie de mitrailleuses, et les cavaliers avaient disparu sous ce feu.

Quel allait être le nouveau rôle des zouaves et de leurs compagnons d'armes? Des fuyards et des blessés passaient près d'eux ; l'ennemi paraissait se rapprocher de Villepion où se repliaient les mobiles de la Sarthe; il semblait qu'à Loigny le bruit du combat devînt plus distinct. Où de Charette serait-il appelé? Cet appel, le

1er bataillon l'attendait devant l'un des murs du parc. Près des zouaves se tiennent les mobiles des Côtes-du-Nord, les francs-tireurs de Tours et ceux de Blidah. En avant le colonel, les commandants de Troussures et de Moncuit et quelques officiers. Depuis quelques instants, de Sonis et ses Arabes s'étaient mêlés à eux. Un obus éclate au milieu du groupe. La poussière dissipée, on reconnaît que personne n'a été frappé; et comme joyeux de la poudre qu'il vient de respirer, de Sonis se lève sur ses étriers, et debout, saluant les soldats, il crie : Vive la France! Déjà son cheval l'emporte vers Loigny où le général inquiet court observer le combat.

Sous la lumière des gerbes de feu que les bombes incendiaires de l'ennemi répandent dans l'air, au dessus du château de Villepion que les Prussiens veulent brûler, le général de Sonis arrive sur le front du 1er bataillon; il veut tenter un suprême effort et donne l'ordre d'enlever Loigny. Un régiment de marche — ne le nommons pas — refuse d'avancer et se couche par terre à l'abri d'un pli de terrain. Se voyant impuissant à l'entraîner et comme désespéré, le général accourt vers les zouaves pontificaux : Ces hommes refusent de me suivre dit-il avec feu au colonel Charette, venez et montrons comme se battent des hommes de cœur. Puis, se tournant vers les zouaves : En avant, s'écria-t-il, Vive la France! Vive Pie IX!

Charette déploie aussitôt sa petite troupe en tirailleurs, il était environ quatre heures, et les derniers rayons du soleil couchant brillaient encore à l'horizon. A droite du bataillon marchent les mobiles des Côtes-du-Nord, sur la gauche viennent les francs-tireurs de Tours et de Blidah. Est-ce à la parade qu'on va ainsi ? Le front est calme ; le pas rapide mais ferme, c'est la régularité d'une manœuvre.

Cependant, les zouaves avancent toujours ; à leur tête le sergent de Verthamon porte haut la bannière. On ne tire point : les officiers sur l'ordre du colonel, en empêchent les soldats. Déjà on approche de Loigny, déjà on aperçoit l'ennemi qui vise, caché dans un petit bois très fourré, d'une longueur de trois cents mètres et d'une largeur de trentre mètres, qui se trouve à quelques centaines de mètres du village.

Alors le feu de l'ennemi redouble d'intensité, et malgré une grêle de balles, le bataillon continue sa route avec un calme et un sang-froid admirables ; jamais mouvement sur un terrain de manœuvres ne fut mieux exécuté. Les rangs s'éclaircissent : quarante hommes déjà sont tombés ; mais on ne tire pas, l'espace diminue. En avant ! Les zouaves abordent le bois à la baïonnette. De Sonis, l'épée étincelante les guide à l'assaut, la bannière se déploie devant eux. C'est un élan furieux, l'élan français. En un bond tous arrivent sur cette lisière d'arbres d'où l'ennemi les fusille. Déjà de Sonis s'est affaissé la cuisse broyée ; le lieutenant-colonel de Troussures, le capitaine de Ferron sont blessés ; de Verthamon meurt ; mais en tombant il n'a pas oublié sa bannière : son œil qui s'éteint et sa main défaillante ont cherché un héros pour la prendre : il la tend à Jacques de Bouillé, et dans ses mains, elle domine une fois encore le champ de bataille. Il l'agite avec tout l'orgueil de la bravoure et du patriotisme, il la brandit au dessus de sa tête et pousse un formidable cri : « Hourra ! En avant ! Les zouaves encore debout se rallient, ils se précipitent à sa suite et bondissent baïonnette en avant sur l'ennemi. Les Prussiens sont chassés du bois, et, poursuivis l'épée dans les reins, ils s'enfuient épouvantés vers le village.

Charette arrive avec eux et occupe une vingtaine de maisons. Là, il y eut encore une lutte affreuse. Corps à corps, fusil contre fusil, zouaves et Prussiens se tuent à l'envi, des fenêtres, au pied des murs et dans les maisons.

Cependant, les soldats de Charette ne sont plus bientôt qu'une poignée de braves : les uns veillent dans le bois sur les prisonniers; les autres se battent dans la rue; d'autres défendent les abords de Loigny. En vain Charette cherche-t-il à se frayer un chemin vers l'église et le cimetière, où, dans un cercle de maisons en flammes, les deux bataillons du 37ᵉ se défendent avec une ténacité héroïque. Sur la droite, arrivent les régiments de Treskow, à gauche et en face, les Bavarois reviennent à la charge en masses épaisses. Assailli de tous les côtés par des forces tellement supérieures, Charette ordonne la retraite vers le bois tout-à-l'heure emporté. C'est à ce moment, quand déjà la nuit arrivait, que Jacques de Bouillé reçut une première balle à l'épaule. Jacques tombe, se relève, puis retombe une dernière fois frappé de plusieurs balles au front et au cœur. Le drapeau qu'il n'avait pas quitté le couvre. (1) Un zouave le ramasse. Toutes les poitrines s'offrent à la mort pour le protéger! A mesure que le fanion s'abaisse dans le sang ou vacille aux mains d'un blessé on le prend, il passe à la garde d'un nouveau défenseur. Il a ses chevaliers. Les Bavarois se ruent vers la bannière. Le Parmentier qui la tient la leur arrache. C'est un combat où personne ne veut céder. Les zouaves étaient dignes de leurs pères; car ainsi se battait jadis à Nicopolis en 1396, cette chevalerie française que Jean-Sans-Peur avait menée contre les Turcs; ainsi périssaient « ces jouvenceaux de la fleur de lys » qui se pressaient dans la mêlée autour des La Trémouille, du maréchal Boucicault et du sire de Coucy; ainsi d'un corps ruisselant de sang et d'un cœur qu'il offrait à Dieu, l'amiral Jean de Vienne se jetait au milieu des ennemis, par six fois relevant cette bannière de France sous laquelle il mourut, la hampe encore serrée entre ses poings.

Cependant, la retraite s'effectuait, c'était celle

(1) Quand Jacques succomba, son père et son beau-frère, M. de Cazenove, gisaient déjà sur le champ de bataille.

d'hommes qui ne savent pas fuir. Lentement donc ils regagnèrent le bois, pas à pas, la bannière tournée du côté de l'ennemi. Mais les balles arrivaient de toute part. Charette tombe à l'un des angles du bois, frappé à la cuisse. Il est obligé de commander à ses hommes de se retirer, quand ils l'entourent et veulent l'emmener. Il refuse : « Non, mes amis, dit-il, non, à quoi bon vous faire tuer? Je suis bien ici, et vous, allez encore vous battre pour la France. »

Là s'arrêta la poursuite de l'ennemi. Il était plus terrifié que son adversaire. Quand il vit les zouaves sur la route de Villepion, il n'osa s'aventurer plus loin et ne les inquiéta plus que fort peu. Ils s'en allaient tournant la tête avec tristesse vers ces lieux désolés, vers ces terres où gisaient les cadavres de leurs amis, vers ces flammes qui illuminaient l'horizon.

Sous la brise qui glaçait déjà morts et blessés sur la plaine, ils regagnaient Villepion et Patay où ils retrouvèrent les éclaireurs à cheval et le 2ᵉ bataillon. Il faut dire que plusieurs zouaves se battirent à Loigny longtemps après la retraite. Il y en eut qui ne voulurent jamais rendre les maisons où ils s'étaient retranchés ; ils y périrent tous. C'est dans cette bataille un glorieux fait d'armes des zouaves pontificaux devant Loigny ; ce n'est pas pourtant la dernière action du combat ; la gloire d'être morts les derniers pour la France, dans ce village en flammes, appartient à de plus obscurs et de non moins nobles soldats, ceux du 37ᵉ de marche. Depuis une heure de l'après-midi, ils disputaient à l'ennemi et à l'incendie les maisons, le cimetière et l'église de Loigny ; vers sept heures, on entendait encore leurs coups de feu au milieu du bruit des toits qui s'écroulaient, en se consumant. A le rappeler, il y a un intérêt qui regarde l'honneur même de notre patrie. Selon le mot héroïque et simple d'un des officiers, ces soldats s'étaient crus « des-

tinés par leur résistance à protéger la retraite de leur
division. » (1).

L'héroïsme de Chanzy

AVANT LA BATAILLE DU MANS

(*11 janvier 1871*)

Avant de faire rentrer son armée dans les lignes du
Mans, dans ces lignes « décisives, assignées à l'avance », Chanzy résolut pourtant de tenter l'offensive, de
ramener par un élan hardi, dans toutes les directions
et sur tous les points, les corps qui battaient en retraite, de reprendre les positions importantes dont la
perte le navrait et l'irritait à la fois. Il était souffrant
depuis le 7 janvier, et pendant quelques jours il dut
garder le lit. Une fièvre violente le dévorait; son état
inspirait au médecin de vives inquiétudes, et l'on craignit même un instant qu'il ne fût atteint de la petite
vérole qui sévissait alors dans l'armée. On ne saurait
douter, dit M. de Freycinet, que cette circonstance
n'ait exercé sur les évènements une certaine influence.
Mais son sang-froid restait imperturbable. Il ne voulait pas convenir que les forces ennemies fussent supérieures aux siennes. Il exigeait des chefs de corps
une résistance plus sérieuse et plus âpre que jamais.

Les instructions générales qu'il donnait le soir du
9 janvier sont brèves et impérieuses; la douleur, la colère que lui causent certaines hésitations, se fait jour
à travers ses ordres. « La cavalerie a abandonné, sans
même avoir reconnu les forces qu'elle croyait avoir
devant elle, les points importants de Parigné-l'Evêque

---

(1) Sur les 300 hommes menés à Loigny par M. de Charette, 198 étaient
restés sur le champ de bataille et sur 14 officiers présents, 10 furent mis hors
de combat.

Loigny brûla toute la nuit ; les deux tiers du village furent en proie à l'incendie. (A. BOUCHER).

et de Grand-Lucé. Le général commandant la cavalerie fera une enquête sur ces faits, et les officiers qui
commandaient sur ces points *auront à rendre
compte.* » De nombreux fuyards se montraient déjà
sur les routes du Mans. « Je rends, disait Chanzy, les
généraux et chefs de corps responsables de ces débâcles
que rien ne justifie, et que l'énergie et quelques exemples immédiats peuvent arrêter. » Il faisait grouper
par les gendarmes du général Bourdillon les hommes
et les détachements isolés, et leur assignait un emplacement. Plus le danger grandissait autour de lui, plus
s'échauffait et s'élevait son cœur. Les dépêches qu'il
envoie de tous côtés, qu'il réitère et multiplie, respi-
rent l'ardeur et la fermeté de son âme; à cette heure
critique, le ton du commandement y semble encore
plus net et plus décidé que de coutume; l'accent est
d'un homme qui garde, malgré la souffrance physique,
l'esprit calme et résolu, et qui persévère dans le des-
sein d'une résistance acharnée. « Nul ne doit songer
à la retraite sur le Mans, sans avoir tenu jusqu'à la
dernière extrémité. La retraite ne mène à rien, elle
n'est que le principe d'un désordre que nous devons
éviter à tout prix... Il n'y a point à alléguer le mauvais temps; il est le même pour tous, et les Prussiens
ne s'en préoccupent pas. »
Il commandait de prendre « tout ce qu'il faudrait
de monde », mais d'assaillir l'ennemi avant qu'il reprit sa marche sur Le Mans, de le culbuter par un effort suprême, et de réoccuper les positions abandon-
nées. Jauréguibéry devait reprendre Parigné; Colomb
Ardenay; Jaurès, Torigné. « Je n'admets la retraite,
disait Chanzy, que si vous êtes battus », et aux généraux qui demandaient à ramener sur les plateaux leurs
soldats harassés : « Ces positions, répliquait-il, ne
sont qu'un dernier refuge; je maintiens mes ordres;
attaquez vigoureusement, je suis sûr que vous réussi-
rez. »

La journée du 10 janvier fut le prélude de la grande bataille qui devait s'engager le lendemain et qui porte le nom de *bataille du Mans*. La lutte dura jusqu'à la nuit et fut très vive à Parigné, à Changé, à Champigné. Mais les attaques des Allemands étaient si incessantes et si opiniâtres que ces villages devinrent intenables. Chanzy loue surtout la défense de Changé, où la brigade que commandait un officier de marine, le colonel Ribell, combattit durant plus de cinq heures avec une admirable bravoure, et ne céda le terrain que pied à pied ; l'ennemi dut enlever les maisons et emporter les barricades l'une après l'autre. « Au Gué la Hart, écrit un officier allemand, la résistance est énergique il faut enfoncer de vive force portes et fenêtres ; de nombreuses victimes tombent... Lorsqu'une maison occupée par les Français est prise, les uns veulent se rendre, les autres, enflammés de rage (*wuthentbrannt*), continuent la lutte. Des soldats demandent quartier et veulent sauter par la fenêtre ; leur capitaine transperce de son épée un des fugitifs... c'est un combat homme à homme ».

Il fallait, cette fois se replier sur les lignes définitives, choisies et préparées en avant de la ville depuis trois semaines. Le choc devait être rude et meurtrier. « Nous sommes, écrivait Chanzy à Gambetta, en présence d'un effort des plus sérieux de l'ennemi et d'une ferme volonté de sa part d'en finir avec la deuxième armée. » Mais l'indomptable général croyait la résistance possible. Il reconnaissait que les combats des jours précédents n'étaient pas tous à son avantage. Pourtant, il lui semblait que les Allemands étaient las de se traîner dans la neige et la boue, qu'ils ne pouvaient se servir utilement de leur artillerie, que les derniers engagements avaient fait dans leurs rangs des vides nombreux, que cette lutte de tous instants les avait épuisés et découragés. Il ne doutait pas de pouvoir résister quatre ou cinq jours dans ces *magnifiques*

positions et d'y tenir assez longtemps pour lasser le
prince Charles et le contraindre à la retraite. Il comptait même, dès que les ennemis se seraient repliés,
laisser au Mans les mobilisés de Bretagne, appeler à
lui les 19e et 20e corps, dont l'organisation serait
achevée, et marcher, sans un jour de retard, sur l'adversaire « affaibli et fatigué ». « Je pouvais, écrivait-il
quelques jours plus tard, sans aucune présomption,
espérer le succès. »

Il prit toutes ses dispositions de combat. Un autre
aurait félicité ses troupes de la vaillance qu'elles
avaient déployée la veille. Chanzy *exprima tout son
mécontentement* aux généraux qui n'avaient pu dans
la journée du 10, exécuter ses ordres formels et prendre une vigoureuse offensive. Il commanda de résister
à outrance, de défendre les positions coûte que coûte,
sans aucune idée de retraite. Il fallait, disait-il, se
battre comme à Josnes et soutenir la lutte qui se préparait, menaçante et inévitable avec le même acharnement que dans les « glorieuses batailles des 7, 8 et
9 décembre. » Il défendit à tous l'accès du Mans. Il
déclara que les fuyards seraient maintenus sur la première ligne des tirailleurs et fusillés s'ils cherchaient
à s'échapper de nouveau, qu'il demandait au ministre
de la guerre le droit de casser sur l'heure tout officier
dont il serait mécontent, et qu'en cas de débandade,
il ferait couper les ponts pour forcer ses troupes à se
défendre ! Tout commentaire serait inutile : on ne peut
que reprendre le mot *énergie* qu'il faut sans cesse
employer en parlant de Chanzy, répéter qu'il montrait
dans cette grave situation une énergie extraordinaire,
dire enfin qu'il avait de l'énergie à *faire peur*.

Cependant, Chanzy n'était pas encore rétabli ; la
fièvre ne le quittait pas ; et, le soir du 10 janvier, son
entourage était en proie à de cruelles anxiétés. Le 11,
à sept heures et demie du matin, après une nuit d'angoisse, ses deux aides de camp, MM. de Boisdeffre et

Henry pénétrèrent dans sa chambre ; à leur grande
surprise, ils le trouvent debout et prêt à marcher ;
par un prodige de volonté et de puissance sur lui-
même, Chanzy s'était levé. Il demande son cheval, il
se met en selle, il donne avec sa précision habituelle
ses instructions aux officiers qu'il laisse dans la ville,
à l'intendant général, M. Bouché, au médecin en chef,
et, suivi de son état-major et de son escorte de spahis
aux longs burnous rouges, il se dirige au galop par le
faubourg de Pontlieue et la route de Tours sur la
Tuilerie et le Tertre. Il fait ses dernières recommanda-
tions au général Marivault, et engage les mobilisés de
Bretagne à défendre vaillamment la position de la
Tuilerie. « Mes braves garçons, dit-il, je compte sur
vous » ; et, se tournant vers un de ses officiers : « Je
crois bien, ajouta-t-il, qu'on ne les dérangera pas. »

Il longe le Chemin-aux-Bœufs, et parcourt les em-
placements de son aile droite. Les ennemis étaient si
près qu'on voyait, à travers les éclaircies des sapi-
nières, leurs sentinelles qui se dissimulaient derrière
les arbres et les haies. On les prendrait pour des ombres chinoises, disaient les officiers. En avant de
Changé, à quatre cents mètres des lignes, un spectacle
curieux frappe les yeux de l'état-major français ; par
une de ces gamineries qui ne sont pas rares à la
guerre, les Prussiens des avant-postes s'amusent à
jetter des boules de neige sur nos tirailleurs.

Chanzy en fait la remarque à haute voix ; et s'engage avec ses aides de camp sous le bois de sapin
pour mieux distinguer les mouvements de l'ennemi.
Mais ce groupe d'officiers attire l'attention des Allemands, une vive fusillade part des haies et des buissons, les branches des arbres craquent et se brisent
autour du général. Il rebrousse chemin, et, avec cet
air calme et presque gai qu'il avait dans les plus graves circonstances, avec l'allure toute française et militaire qu'il donnait naturellement à ses moindres

actes : « Allons ! messieurs, dit-il, je crois que l'ennemi est aussi impatient que nous d'en finir, et ça va chauffer. »

Il rentra dans la ville, à son quartier-général. Cette chevauchée au grand air et la perspective d'une bataille imminente semblaient l'avoir transformé ; son visage ne portait plus trace de maladie ; il avait retrouvé sa belle humeur et sa tranquillité d'esprit.

Châteaudun

Châteaudun, situé sur un coteau élevé, dont le Loir baigne la base, est une des plus jolies villes de France, car elle a été régulièrement reconstruite après l'incendie de 1723, qui la réduisit presque entièrement en cendres. Son superbe château, construction du Xe siècle, qui ne fut jamais terminée, appartient au duc de Luynes. La tour célèbre connue sous le nom de tour de Thibault-le-Tricheur porte à son sommet un chemin de ronde éclairé par de nombreux créneaux. La pénétration des habitants de Châteaudun est passée en proverbe car on dit : Il est de Châteaudun, il entend le demi-mot.

Défendue seulement par 1200 hommes et 24 pièces de canon, la ville de Châteaudun fut attaquée par un corps de 12.000 Prussiens, le 18 octobre 1870.

A midi, l'ennemi ouvre son feu, et ce n'est qu'à neuf heures du soir qu'il pénètre dans Châteaudun criblé par les projectiles allemands. Le gouvernement déclare que Châteaudun a bien mérité de la Patrie ; son nom est donné à une rue de Paris pour perpétuer le souvenir de son héroïque résistance.

Le Maire de Châteaudun terminait ainsi son rapport, écrit le surlendemain du combat :

« Nos maisons sont en cendres, notre commerce est anéanti, nos fortune sont détruites ou gravement compromises, une grande quantité de nos habitants sont

sans asile, sans vêtements et sans pain ; toutes ces ruines, toutes ces misères sont affreuses ; cependant, elles
sont supportées avec une résignation admirable par les
victimes, et nous aurons moins à les déplorer s'il en
doit sortir un exemple utile, si les populations veulent
bien enfin comprendre qu'elles ne doivent pas se laisser
paralyser par le système de terrorisme que la Prusse a
organisé, et qu'il leur suffit de se soulever et de lutter
avec énergie pour purger la France des armées de bar-
bares qui la ravagent depuis trop longtemps. »

Dans cette longue scène de carnage, où tout a été
héroïque, un héroïsme plus éclatant que tous les autres,
a rempli les cœurs de respect et d'admiration. Au plus
fort du péril, pendant que la mort menaçante, inexora-
ble planait au-dessus de tous, une jeune fille, une du-
noise de dix-sept ans, franchissait sans crainte, sans
forfanterie, le théâtre ensanglanté de la lutte, portait
sans cesse à nos défenseurs le fer, le plomb, la poudre
qui pouvaient, en sauvant leurs jours, assurer leur
triomphe et leur gloire.

Du reste, comme toujours, les femmes furent admirables de dévouement, elles relevèrent et soignèrent
une quantité de victimes. Lorsque l'ancienne cité des
comtes de Dunois était en proie à l'incendie ; le bruit
de la fusillade avec ses crépitements précipités venait
comme se mêler encore aux sanglots des femmes, au
râle des mourants. Ivres de vengeance, les soldats ennemis envahissent les maisons, pillent, tuent, massa-
crent. Ayant saisi un brave ouvrier nommé Lépine, ils
l'adossent brutalement contre un mur et vont le fusiller. Aussitôt une femme s'élance, et d'un bond se place
entre le condamné et ses bourreaux ; puis, criant en
langue allemande : *Grâce!* elle se cramponne à l'officier
qui commande le détachement et qui fait d'inutiles
efforts pour se dégager de cette étreinte désespérée.
L'héroïne avait sauvé la vie d'un père de famille. Sur
l'affirmation énergique qu'il n'était pas franc-tireur,

une démarche fut faite par l'officier prussien auprès du commandant, qui accorda la grâce de l'ouvrier.

Ajoutons que plusieurs francs-tireurs durent également à cette patriote courageuse, d'échapper à une mort certaine. Ils furent cachés et nourris plusieurs jours dans la maison des Sœurs de la Providence, au risque pour ces dernières de voir leur demeure pillée, saccagée, et leur personnel maltraité, sinon puni de mort.

Châteaudun ! qui vois des bourreaux
Où furent des cœurs de lion,
Tu nous parais, nid de héros,
Plus sublime qu'un Ilion.

Comme on fauche des épis mûrs.
Les boulets rougis et fumants
Ont dans les débris de tes murs.
Dispersé tes abris charmants ;

Mais tes fils, les chasseurs de loups,
Sont tombés purs et sans remords.
Ils étaient mille, et sous leurs coups.
Dix-huit cents Prussiens so ᵗ morts.

Illustre cité (les Romains
Te nommaient ainsi), par tes fils,
Tu renaîtras ! par tes chemins
On entendra, comme jadis,

Dans tes arbres en floraison
L'alouette éveiller l'écho.
La devise de ton blason
Dit : *Extincta revivisco !*

Mais froid cadavre au pied des tours,
Parmi les décombres mouvants,
Fouillé par le bec des vautours.
Et cendre abandonnée aux vents,

Tu resplendis ! patrie en deuil,
Qui, devant le destin moqueur
Moins obstiné que ton orgueil,
Portas la France dans ton cœur !

Car tes défenseurs belliqueux
Frémissant d'indignation,
Laissaient à de plus lâches qu'eux
L'ignoble résignation ;

Voulant tous, d'un esprit têtu,
Que ton beau renom pût fleurir,
Ils eurent la mâle vertu
De tuer avant de mourir,

Et rien ne vaut le fier sommeil
De ces soldats couchés en rang
Sur la terre nue, au soleil,
Qui dorment couchés dans leur sang.

(Th. de Banville.)

Siège de Phalsbourg

Si l'on ouvre une géographie au mot Phalsbourg on lit ces détails : Phalsbourg est une petite ville du département de la Meurthe, chef-lieu de canton de l'arrondissement de Sarrebourg. On y fait de bon kirsch et d'autres liqueurs qui ont de la réputation ; des fabriques d'allumettes chimiques et de savon y sont établies et y prospèrent, et son commerce en tabatières, broderies, filets et chapeaux de paille n'est pas à dédaigner.

Tous ces détails font venir à l'esprit l'idée d'une vie modeste et active, et par conséquent d'une vie tranquillement heureuse ; mais il ne faudrait pas s'y tromper, Phalsbourg a aussi dans ses annales des pages glorieuses à rendre jalouses bien des grandes villes.

La chère et héroïque petite ville a été arrachée des bras de la mère patrie. Est-ce pour toujours ? C'est le secret de l'avenir ; mais il serait trop cruel de croire que cette population si profondément française est séparée de nous à jamais. En tout cas, il y a un charme triste à en parler, et à recueillir pieusement tout ce qui la concerne, comme on recueille tout ce qui a appartenu à un être aimé qui est loin, bien loin de nous.

En 1870, après les revers de l'armée française, alors qu'elle ne pouvait plus tenir la campagne en Alsace, l'ennemi s'occupa du siège des places fortes, et dès le 10 août, la ville de Phalsbourg est investie.

La garnison se composait d'environ 1200 hommes, et à cette faible troupe vinrent s'ajouter quelques soldats du 96e de ligne et environ 200 traînards et malades

provenant des corps qui avaient combattu à Reischoffen. Ce n'était pas là une force bien imposante ; mais
elle avait l'avantage d'être commandée et inspirée par

Général d'Aurelle de Paladines.

un homme énergique, profondément pénétré du sentiment de son devoir : le lieutenant-colonel Taillant.

Quant aux remparts, ils étaient en bon état et la place était suffisamment approvisionnée de munitions. Malheureusement, les vivres n'étaient pas assez abondants et ne pouvaient alimenter qu'une résistance de quatre mois; autrement, la fière petite ville eût tenu ferme jusqu'au bout. Sommée de se rendre le 10 août, elle refusa. Alors, et le même jour, commença un bombardement terrible, qui causa d'effroyables ravages. L'ennemi crut la garnison ébranlée et lui offrit de sortir avec armes et bagages pour rejoindre l'armée française. Le commandant Taillant, soutenu par un énergique conseil de défense, rejeta les nouvelles propositions. En même temps la place ripostait vigoureusement au feu des Allemands et la garnison exécutait d'audacieuses et heureuses sorties. Le siège continuait avec un redoublement furieux de la part de l'ennemi, les bombardements ne se ralentissaient que pour recommencer avec une nouvelle intensité. Le tiers de la ville était détruit et le courage de ses défenseurs n'avait pas encore molli un seul instant, grâce au dévouement et à l'infatigable activité de l'intrépide commandant.

Parmi les héroïques défenseurs de Phalsbourg se trouvait M. Bœltz qui a noté les divers incidents de la lutte, nous en donnons ici quelques extraits.

17 *août.* — « La garnison est informée par le commandant que le corps d'officiers du 8e régiment d'artillerie prussienne a chargé à son passage à Burscheid le curé de cette localité de félicitations à l'adresse des Phalsbourgeois pour la belle défense de leur place. Le prince Frédéric-Charles était parti le 11, à deux heures du matin, de Sarrebourg, en disant : « Le temps de faire le chemin, de fumer une cigarette, et préparez mon déjeuner pour neuf heures, je vous apporterai les clés de Phalsbourg ! » Or le prince a fait du chemin, a dû fumer des quantités de cigarettes pendant les onze heures de bombardement, et n'a pas rapporté les clés de la ville; il est parti en témoignant au maire de

Sarrebourg son étonnement et son admiration. »

20 *août*. — « Visite matinale de deux parlementaires. L'accueil toujours raide de commandant ne
décourage pas ces messieurs. »

25 *août*. — « Les vivres, la viande fraîche surtout
commencent à manquer. »

1er *septembre*. — « Un de nos émissaires rentre en
ville, après avoir traversé les lignes prusiennes ; les
nouvelles qu'il apporte sont excellentes. Les Prussiens
auraient été battus par Bazaine, Douai et Mac-Mahon
en deux ou trois endroits. Le blocus de Bitche est
levé. On affiche l'annonce de ces succès ; la joie est très
vive. J'admire cette population si pleine de patriotisme,
qui, en présence des ruines de sa ville à moitié dé-
truite, oublie ses propres désastres pour ne penser qu'à
la France, et rien qu'à la France. »

4 *septembre* — « De nouveaux parlementaires se
sont présentés hier ; comme toujours, c'est pour trai-
ter de la reddition de la place, et comme toujours on
les renvoie avec la même réponse. »

10 *octobre*. — « Les travaux ds défense sont pous-
sés avec une vigueur extrême : la banquette des remparts est mise en état ; de sacs à terre sont installés
pour protéger les tireurs. »

15 *novembre*. — « Le sel manque absolument ; la
dyssenterie a commencé ses ravages ; il fait froid, il
neige, tout se réunit pour nous accabler. »

30 *novembre*. — Le dénouement se précipite : il
est inévitable. La vie est presqu'impossible dans les
conditions où nous nous trouvons. Le Conseil de
défense a décidé avant-hier que l'on s'occuperait de
noyer les poudres qui excèdent les besoins de la
défense. »

2 *décembre*. — Depuis quelque jours le pain que
nous mangeons, et qui constitue notre seule nourriture,
est un mélange de balayures de magasins et de blé à
peine concassé. La population de la ville prend part

aux distributions qui nous sont faites. Rien n'est si lugubre que de voir dans les rues ces espèces de squelettes ambulants qu'on y rencontre à chaque pas; les soldats n'ont guère meilleure mine. Depuis longtemps chevaux, chiens, chats ont disparu de la circulation; tout a été mangé. Et pour comble de misère, le froid vient s'ajouter à toutes nos souffrances. C'est épouvantable, nos malades meurent en nombre considérable. Quant aux blessés, il n'en réchappe presque plus. »

7 *décembre*. — « La famine est si forte que le Conseil de défense s'est réuni ce matin pour délibérer sur le parti à prendre. Les hommes sont tellement affaiblis qu'une sortie est presque impossible. Du reste, il est arrivé des renforts aux assiégeants; l'ennemi a craint les dernières convulsions de notre brave petite place, et il a pris ses mesures en conséquence. »

9 *décembre*. — « La reddition est, dit-on, résolue en principe : aujourd'hui on commence à noyer les poudres dans la citerne de la caserne, hélas! est-ce à ce résultat que devaient aboutir ces quatre longs mois de blocus! »

11 *décembre*. — « C'en est fait, notre sort est décidé et la place va ouvrir ses portes... Pendant la journée, on s'occupe de détruire munitions et matériel; il y en avait pour plus d'un million de francs en réserve. On répand la poudre dans la neige, sur les remparts, dans les fossés, dans la rue. A l'arsenal, on brise les armes, on encloue les canons, on brûle leurs affûts. Rien ne peut dépeindre la douleur des soldats; ils pleurent silencieusement, et, ne regrettent qu'une chose, c'est de ne pouvoir continuer la lutte. Mais hélas! tout espoir d'être secouru s'est évanoui. Nous sommes bien seuls abandonnés à nos propres forces; et à la suite de cette série de revers et de désastres, dont le douloureux échos a si souvent traversé les lignes des assiégeants pour venir jusqu'à nous et nous atteindre au plus profond de notre patriotisme et de notre

orgueil militaire, plus une illusion ne nous est permise.
Et encore s'il n'y avait que nous en jeu ! Mais les habitants, nos malades, nos blessés ! Il faut voir ces femmes, ces enfants, ces vieillards, haves, exténués, mou-
rant de faim, qui, chaque matin, sans un mot de découragement, sans une plainte, viennent dans la neige
attendre à la porte de la caserne la maigre distribution
de pain — et quel pain ! — avec lequel ils soutiennent
leur vie. Mais ces privations, ces épreuves, ne peuvent
se prolonger plus longtemps : il faut qu'elles aient un
terme ; plusieurs personnes déjà sont mortes de faim...
Et les malades, les blessés, entassés dans les ambulan-
ces, dans l'hôpital, dans les casemates, où tout manque pour leur donner les soins que réclame leur position ! »

12 *décembre*. — « Notre dernier espoir a disparu...
Un ordre du jour du commandant a paru ce matin,
c'est pour rendre un dernier hommage à la conduite
des troupes qui, sous ses ordres, ont défendu la place
pendant quatre mois, et leur déclarer qu'elles ont bien
mérité de la patrie. »

MM. de Villatte, de Geoffroy et Desmares, nos pléni-
potentiaires, se rendent au quartier général prussien.
Ils sont porteurs d'une lettre de M. Taillant, dont voici
la teneur :

AU MAJOR DE GIESE

« Monsieur le major,

» Le trop grand éloignement de l'armée française et
la famine qui torture les habitants, les blessés et les
prisonniers de guerre, mais qui ne pourrait nous domp-
ter si nous étions seuls ici, ne nous permettent pas de
continuer la lutte, parce qu'il est de notre devoir d'être
humain avant tout.

» C'est pour obéir aux lois de l'humanité que j'ai dû
ne pas céder au vœu de mes compagnons d'armes, qui

ont demandé de s'ensevelir avec leur chef sous les ruines de la forteresse qu'ils défendent si bien depuis quatre mois.

» Les portes de Phalsbourg sont ouvertes...

» Vous nous y trouverez désarmés, mais non vaincus. »

12 *décembre*. — « Dans la matinée, le major de Giese est entré en ville avec une escorte de cavaliers. Durant une entrevue avec M. Taillant, il se passa une scène que je dois noter. M. de Giese, en abordant notre brave commandant, remarqua son air abattu et sa tristesse, et le spectacle de cet ennemi que ni le feu ni le fer n'ont pu vaincre, et que la faim seule oblige à capituler, l'émeut et fait couler ses larmes. Il s'avance vivement près de M. Taillant et lui serre la main en proie à une émotion qu'il ne cherche pas à dissimuler. »

L'ennemi montra par sa conduite les sentiments que lui avait inspirés la résistance de Phalsbourg. Pour honorer cette vaillante garnison, le roi de Prusse accorda de son propre mouvement, aux officiers la faveur de conserver leur épée, aux soldats leur sac et les autorisa à choisir les villes où ils devaient se rendre comme prisonniers.

De son côté, le conseil d'enquête, dans sa séance du 12 avril 1872, a décerné des éloges au commandant Taillant et à son conseil de défense et, sur sa demande, M. Thiers conféra au lieutenant-colonel Taillant la croix de Commandeur de la Légion d'honneur et décida que cette distinction serait mentionnée dans ses états de service (1).

Le monument de Belfort

Le 31 août 1884, la ville de Belfort a inauguré le

(1) Le colonel Taillant est né en 1816, à Pont-Saint-Esprit. Il est mort en 1883.

monument élevé aux deux hommes qui, au moment où la Lorraine et l'Alsace nous étaient enlevées, ont fait qu'elle restât ville française.

A M. Thiers, son libérateur ; au colonel Denfert-Rochereau, son défenseur, la cité alsacienne sauvée devait bien ce juste hommage.

Il convient de rappeler aujourd'hui la part qui revient au négociateur et au soldat.

Commençons par le soldat.

Nous ne voulons pas refaire ici l'historique du siège de Belfort ni raconter les luttes soutenues par l'héroïque cité contre les colonnes allemandes, pendant trois mois et demi d'investissement ; mais nous tenons à remettre en mémoire les titres du commandant supérieur de cette ville, en 1870-1871, à la reconnaissance des Beldfortains.

Le premier acte qui signala le colonel Denfert-Rochereau fut sa réponse au général de Tresckow, commandant en chef des troupes prusiennes concentrées devant Belfort, qui demandait la reddition de la forteresse dès le 4 novembre 1870 :

  « Général,

» J'ai lu avec toute l'attention qu'elle mérite la lettre que vous m'avez fait l'honneur de m'écrire avant de commencer les hostilités. En pesant dans ma conscience les raisons que vous me développez, je ne puis m'empêcher de trouver que la retraite de l'armée prusienne est le seul moyen que conseillent à la fois l'honneur et l'humanité pour éviter à la population de Belfort les honneurs d'un siège.

» Nous savons tous quelle sanction vous donnez à vos menaces, et nous nous attendons, général, à toutes les violences que vous jugerez nécessaires pour arriver à votre but ; mais nous connaissons aussi l'étendue de nos devoirs envers la France et envers la République et nous sommes décidés à les remplir.

» Veuillez agréer, général, l'assurance de ma considération très distinguée.

» *Le colonel commandant supérieur,*

» DENFERT. »

Le colonel Denfert ne se borna pas à écrire, il sut agir dès le début, et l'on sait avec quelle vigueur.

Tout d'abord il fit armer les ouvrages provisoires de la ville, poussa avec énergie les travaux qui devaient favoriser une défense éloignée, et obtint comme premier résultat de faire perdre aux assiégeants trois semaines entières en tâtonnements et en études sur le plan d'attaque.

Le 3 novembre, le fort de la Justice avait envoyé le premier obus sur les retranchements prussiens ; ceux-ci ne tardèrent pas à répondre, et, le 3 décembre, les bombes ennemies vinrent éclater dans les faubourgs de Belfort.

C'est alors que commença la tâche lourde et ardue de commandant en chef. Obligé de veiller à tout, s'occupant des moindres détails, le colonel Denfert résumait en lui la défense de la ville.

C'est ainsi qu'il présidait aux dernières installations du fort de Bellevue, sous une grêle de balles ; préparait les sorties, inspectait les remparts, examinait par lui-même les positions des batteries ennemies.

Ce fut quand il se disposait à aller au fort des Barres que les officiers de son entourage, les capitaines Châtel, Degombert, Wehrlin, etc., insistèrent auprès de lui pour qu'il ne s'exposât plus, rappelant que le règlement lui en faisait un devoir d'autant plus strict que dans la situation où se trouvait Belfort, sa mort serait la chute de la place.

Ces officiers avaient raison, et c'est à leur insistance que le colonel céda en consentant à se renfermer dans sa casemate, casemate que ses détracteurs lui ont assez reprochée, et de laquelle cependant il sortit tous

les jours, soit pour visiter les blessés à l'hôpital de
de l'Espérance et à l'ambulance Grosborne, soit pour
examiner les travaux de l'ennemi.

Enfin, après deux mois terribles, pendant lesquels
des sorties répétées et un bombardement, qui jetait par
jour jusqu'à 7 et 8,000 obus dans la ville, avaient
décimé la population et la garnison, le colonel Denfert-Rochereau, toujours maître de Belfort, reçut de
M. Ernest Picard, alors ministres des affaires étrangères, l'ordre de rendre la place qu'il avait si brillam-
ment défendue.

Ce fut le 13 février 1871 au soir, que les hostilités
cessèrent, après soixante-treize jours d'un bombardement sans trêve ni répit; le canon de Belfort était le
dernier qui eût retenti en France.

La garnison de Belfort obtint les honneurs de la
guerre; combien parmi les commandants de place
assiégée purent à cette époque revendiquer pareil
honneur !

Je ne saurais rendre un plus éclatant hommage au
colonel Denfert, que de terminer en citant textuelle-
ment le paragraphe 2 de la convention relative à la
reddition de la place de Belfort, conclue à Pérouse le
16 février 1871.

« 2° La garnison, en raison de sa valeureuse défense,
sortira librement, avec les honneurs de la guerre, et
elle emmènera les aigles, drapeaux, armes, chevaux,
équipages et appareils de télégraphie militaire qui lui
appartiennent spécialement, ainsi que les bagages des
officiers et ceux des soldats, et enfin les archives de la
place. »

Nous avons fini avec le soldat, passons maintenant
au négociateur, dont le rôle fut tout aussi brillant et
plus effectif peut-être.

Lorsque M. Thiers discuta avec M. de Bismarck les
clauses et conditions du traité de paix, il trouva le
chancelier inflexible sur la question de Belfort; en

vain fit-il valoir les liens antiques qui nous rattachaient à une ville qui n'avait jamais appartenu à l'Allemagne et qui n'avait rien de germanique ; ce fut alors que, voyant M. de Bismarck intraitable, il s'écria :

« Eh bien ! qu'il en soit comme vous le voulez, monsieur le comte, ces négociations ne sont qu'une feinte. Nous avons l'air de délibérer, nous devons passer sous votre joug. Nous vous demandons une cité absolument française, vous nous la refusez : c'est avouer que vous avez résolu contre nous une guerre d'extermination. Faites-là. Ravagez nos provinces, brûlez nos maisons, égorgez les habitants inoffensifs ; en un mot, achevez votre œuvre. »

Cette violente apostrophe sembla troubler M. de Bismarck ; il ne céda pas, cependant, mais répondit à M. Thiers :

« Il serait mal à moi de vous promettre ce que je ne peux vous accorder. Le roi m'a commandé de maintenir ses conditions, lui seul a le droit de les modifier. Je dois prendre ses ordres. Il importe, toutefois, que je confère avec M. de Moltke. Si j'ai son consentement, je serai plus fort. »

Sur ces paroles, M. de Bismark sortit et laissa M. Thiers dans une angoisse facile à comprendre ; une heure heure après il était de retour et disait à notre plénipotentiaire :

« J'ai dû, selon la volonté du roi, exiger l'entrée de nos troupes à Paris. Vous m'avez exposé vos répugnances et vos craintes, et demandé avec instance l'abandon de cette clause. Nous y renonçons si, de votre côté, vous nous laissez Belfort. »

Le chancelier supposait que M. Thiers abandonnerait Belfort pour éviter à Paris la honte de l'occupation allemande ; mais M. Thiers répondit patriotiquement :

» Rien n'égalera la douleur de Paris, ouvrant les portes de ses murailles intactes à l'ennemi qui n'a pu les forcer. C'est pourquoi nous vous avons conjuré, nous vous conjurons encore de ne pas lui infliger cette humiliation imméritée. Néanmoins, il est prêt à boire le calice jusqu'à la lie pour conserver à la patrie un coin de son sol et une cité héroïque : nous vous remercions, monsieur le comte, de lui fournir d'ennoblir son sacrifice. Son deuil sera la rançon de Belfort, que nous persistons plus que jamais à revendiquer. »

M. de Bismarck se retira auprès de M. de Moltke pour s'entendre une dernière fois sur le parti à prendre, — le fort devait nous être rendu si le roi de Prusse se laissait convaincre.

A huit heures du soir, nous apprend Jules Favre, le compagnon de M. Thiers dans cette douloureuse conférence, M. Thiers recueillait le fruit de son vaillant effort. Il avait rendu Belfort à la France.

C'est donc à lui seul, à son habileté, à son patriotisme qu'il faut attribuer ce succès. Le résultat en était considérable; outre l'inestimable avantage d'arracher à la conquête prussienne quelques lieues de notre territoire et la ville qui venait de s'illustrer en soutenant un siège rigoureux, nous recouvrions une ligne précieuse de frontières.

Au lion de Belfort

Si je gravais des vers sur ton socle de pierre,
Certes j'exalterais tes combats glorieux,
O monstre colossal, qui, seul victorieux,
Seul peux montrer les crocs et froncer les paupières.

Je dirais qu'on t'a vu, jusqu'à l'heure dernière,
Fauve géant qui fus digne des fiers aïeux,
Rejeter loin de toi sanglant et furieux,
L'assaut des cent chacals pendus à ta crinière.

Mais je voudrais encore ajouter : grand lion,
Symbole de colère et de rébellion,
D'un moins sombre avenir tu nous es l'assurance.

Attends, sois, comme tous, patient et muet ;
Mais si la haine sainte en nous diminuait,
Rugis, pour rappeler son devoir à la France.

F. COPPÉE.

Siège de Lille
(1792)

En 1792, Lille eut à subir de la part des Autrichiens et des Prussiens un siège terrible. Le 24 septembre l'armée autrichienne commandée par le duc de Saxe-Teschen et forte d'environ 25,000 combattants, vint camper devant Lille, que défendait le général Ruault avec une garnison de 10,000 hommes. Dans de telles circonstances, les ennemis ne pouvaient se flatter d'emporter la ville de vive force, et ils devaient tout au plus se promettre un bombardement barbare et inutile ; mais la haine que leur inspirait la Révolution fit taire chez eux la voix de l'humanité et fit oublier les lois qui régissent la guerre entre les peuples civilisés. Ils n'avaient même pas assez de troupes pour former un investissement complet, de sorte que tout le côté de la porte d'Armentières demeura libre, et que la place conserva ses communications avec Dunkerque. Néanmoins, le duc de Saxe-Teschen espéra s'emparer de la ville en l'écrasant sous une pluie de bombes et de boulets rouges. Mais la vaillante population Lilloise et la garnison ne devaient lui laisser que la honte de la sauvage exécution qu'il préméditait. Le major autrichien d'Aspes, précédé d'un trompette, porte au général Ruault et à la municipalité une sommation promettant aux Lillois qu'ils seraient traités avec douceur s'ils voulaient trahir la République et livrer leur ville aux ennemis de la France ; mais qui les menaçait en même temps d'incendie, de dévastation et de ruine s'ils opposaient la moindre résistance. Les Lillois répondent à cette sommation insolente : Nous venons de renouveler notre serment d'être fidèles à la nation et de mourir à notre poste ; nous ne sommes pas des parjures.

Alors commença un effroyable bombardement : dans l'intervalle de 6 jours six mille bombes et trente mille boulets tombèrent sur la malheureuse ville. Mais Lille ne tarda pas à recevoir des renforts, et les Autrichiens, commençant à désespérer d'y pénétrer, ralentirent leur feu qui cessa entièrement le 6 octobre.

La glorieuse bataille de Valmy les oblige à lever le siège. La colonne de la grande place rappelle cette résistance héroïque. Des traits d'une fermeté stoïque se multiplièrent pendant ce siège mémorable. Un capitaine des canonniers, Ovigneur, reste à sa batterie quand on lui apprend que l'incendie dévore sa maison. Un boulet, qui s'arrêta dans la salle des séances du conseil de guerre, y fut déclaré en permanence comme l'assemblée. Une bombe éclate, et à peine la fumée est-elle dissipée qu'un barbier nommé Maës, ramasse un des morceaux, y fait mousser son savon comme dans un plat à barbe, et rase successivement quatorze Lillois, au milieu d'une foule qui riait aux éclats ; car la gaîté française ne perd jamais ses droits.

Enfin le duc de Saxe-Teschen, apprenant que des troupes françaises se portaient au secours de la place, leva précipitamment le siège, n'emportant avec lu pour tout trophée, que la honte d'un échec et d'une cruauté exercée inutilement contre de paisibles citoyens.

Les Sergents

Sous ce titre, nous donnons ici l'histoire de plusieurs sergents qui se sont illustrés par leur bravoure. Nous faisons précéder notre récit de plusieurs détails qui ne manqueront pas d'intéresser nos lecteurs.

Au moyen âge, on désignait sous le nom de *sergents* des soldats qui servaient volontairement, soit dans la cavalerie, soit dans l'infanterie, sans appartenir à un corps déterminé. Au XVe siècle, les sergents de bandes étaient les sous-officiers chargés de veiller à la discipline et à la police des troupes. Au siècle suivant, on donna le nom de sergent-major à un officier supérieur qui remplissait des fonctions analogues à celles de nos majors actuels. Au XVIᵉ siècle, le sergent-major disparut et on ne désigna plus sous le nom de sergents que des sous-officiers.

Actuellement, les sergents constituent dans l'infanterie le corps des sous-officiers. On en compte trois sortes : les simples sergents, au nombre de quatre par chaque compagnie, les sergents-fourriers et les sergents-majors, qui sont au-dessus des sergents. Les simples sergents sont particulièrement chargés, avec les caporaux, de l'instruction militaire des soldats et commandent une section de compagnie. Ils sont, en outre, astreints à certains devoirs selon qu'ils sont sergents de corvée, de ronde, de garde, de patrouille, de planton, etc. Le sergent-fourrier est spécialement chargé de pourvoir au logement des soldats en marche, de la répartition entre les escouades des vivres et effets d'équipement. La marque du grade de sergent consiste en un galon d'or ou d'argent placé sur la manche au dessus du parement.

Dans chaque compagnie se trouve un sergent-major qui commande aux soldats, caporaux et sergents, surveille la comptabilité du fourrier et est chargé de tous les détails de l'administration de sa compagnie. Le sergent-major est dispensé de monter la garde et de remplir les autres services armés, excepté dans le cas où la totalité de la compagnie prend les armes. L'insigne de son grade consiste en un double galon en or ou en argent sur la manche au-dessus du parement.

Le sergent Hoff

Qui n'a entendu parler mille fois du sergent Hoff, du héros du siège de Paris, du valeureux soldat dont les prouesses tiennent de la légende !

Le sergent Hoff est né en Alsace, dans le canton de Marmoutiers, à quelques kilomètres de Saverne. Plâtrier de profession, dès l'âge de quatorze ans, il quittait la

maison maternelle pour commencer son tour de France.
En 1856, la conscription le prit, et il entra au régiment.
Il ne savait presque rien alors ; il savait un peu lire,
un peu écrire, et encore en allemand ; c'est au service,
qu'il apprit le français. Aussi son avancement fut-il
bien pénible; il mit dix ans à passer caporal. D'ailleurs,
par un curieux hasard, dans ce long espace de deux
congés il n'avait fait aucune campagne, et ce vieux
soldat, qui dès les premiers jours du siège de Paris
devait déployer tant d'audace et d'habileté, n'avait jus-
que-là jamais vu le feu. Tout au plus avait-il passé quelques mois à Rome avec l'armée d'occupation. La guerre
le trouva sergent instructeur à Belle-Isle-en-Mer, ou
était caserné le dépôt du 25e de ligne. Un événement
imprévu vint tout à coup surexciter son énergie et décu-
pler ses facultés. Vers le milieu du mois d'août, il appre-
nait par une lettre que son père, vieillard de soixante-
quatorze ans, avait été pris et fusillé par les Prussiens
en essayant de défendre son foyer. Heureusement la
nouvelle était fausse, comme il le sut plus tard ; mais
le coup était porté. Dès ce moment. la guerre devenait
pour Hoff une question personnelle, le ressentiment
privé s'ajouta en lui à cette haine indescriptible que
tout Alsacien nourrit au fond du cœur contre les gens
de l'autre côté du Rhin, et durant toute la campagne,
il ne songea qu'à venger son père. Il voulait partir sur-
le-champ, fût-ce en simple soldat. On avait besoin
d'hommes; il put garder son grade. En quelques jours,
il passa de Belle-Isle à Vannes, et de Vannes à Paris.
Il fut incorporé au 7e de marche, partit pour Châlons
avec le corps du général Vinoy, et le 1er septembre au
matin, il se trouvait en grand'garde en avant de Reims.
On entendait dans le lointain gronder le canon de Sedan,
et les détonations, se succédant sans relâche, disaient
assez l'acharnement de la lutte. Bientôt arriva la nouvelle du désastre, puis l'ordre de battre en retraite. Il
était temps. Les Prussiens entraient à Reims deux heu-

res à peine après nous. Déjà la veille, aux avant-postes, une femme était venue dire que trois éclaireurs ennemis se reposaient dans une ferme voisine. Hoff s'offrait à les poursuivre; mais l'officier n'avait pas d'ordres. La bonne femme fut congédiée. Alors, seul, sans mot dire, pour la première fois insoumis, le sergent se lança dans la campagne. Il chercha pendant trois heures — il ne connaissait pas le pays — il s'égara, et dut rentrer comme il était parti. Les Prussiens, du reste, ne perdaient rien pour attendre.

Aux premiers jours de l'investissement, nos troupes, on le sait, ne dépassaient guère la ligne des forts, et l'ennemi s'était avancé bien au-delà des limites qu'il devait conserver plus tard. Le 7ᵉ de marche était alors posté en avant de Vincennes, mais n'occupait pas Nogent. Pendant la nuit, les éclaireurs prussiens poussaient des reconnaissances jusque dans le village, et, quand ils passaient au galop, à la clarté de la lune, on voyait leurs ombres rapides se profiler sur les murs. Impatient d'en venir aux mains, Hoff s'adresse à ses chefs; à grand'peine il obtient l'autorisation, réunit une quinzaine d'hommes résolus, part à la tombée de la nuit, et, tournant le village, va s'embusquer dans un fossé le long de la Marne, en face des premières maisons de Bry. L'œil aux aguets, le fusil armé, on attendit quatre grandes heures. Tout à coup de Petit-Bry, sur le chemin de halage, par la rue qui de la mairie descend vers la rivière, débouche un détachement de cavalerie: ils arrivaient en nombre, trois cents pour le moins, fumant sans défiance et causant entre eux; les cigares des officiers brillaient dans la nuit. C'était le moment. Au signal donné, les quinze fusils s'abaissent et font un feu de peloton. Surpris dans cet étroit espace entre le fleuve et les murs des enclos voisins, les Allemands ne peuvent ni avancer ni reculer; les chevaux éperdus se cabrent, les cavaliers tombent, l'escadron se débande, nos hommes tiraient toujours. Il y eut un moment de confusion indescriptible. Enfin des maisons de Bry sortent des fantassins qui commencent à riposter, en même temps quelques coups de feu éclatent sur la gauche. Craignant d'être tourné, Hoff donne l'ordre de la retraite; lui-même quitte la partie le dernier. Le lendemain, quand le jour parut, les Prussiens, comme d'habitude, avaient soigneusement enlevé leurs morts et leurs blessés; mais une cinquantaine de chevaux jonchaient encore le terrain.

En se retirant, Hoff avait remarqué l'endroit d'où sur notre rive étaient partis des coups de fusil : là devaient être leurs grand'gardes. En effet, à l'abri des ruines du pont, ils avaient établi un poste de quatre hommes; chaque matin, pour les relever, ils passaient la Marne en bateau. Le sergent résolut de s'en assurer. Un soir, seul cette fois, il se dirige vers la Marne, et, moitié rampant, moitié marchant, arrive sans être entendu. Accoudé à un tas de pierres, un Bavarois faisait la faction; il regardait mélancoliquement couler l'eau et rêvait sans doute au pays. Hoff s'élance et lui fend le crâne d'un seul coup de sabre, puis il avise une sentinelle debout sur la rive gauche à l'autre extrémité du pont, il prend son fusil, et l'abat. Un Allemand accourt, tire sur le sergent, le manque, et tombe à son tour frappé d'une balle. Tout cela n'avait pas duré deux minutes. C'est ce que Hoff appelle son *premier Prussien*.

Un tel début méritait bien certains privilèges ; Hoff put dès lors s'écarter à sa guise et faire la guerre comme il l'entendait ; on lui confia même quelques hommes pour l'accompagner. Du reste, il mettait grand soin à préparer ses petites expéditions, et, toujours le premier au feu, il exposait mille fois sa vie avant d'engager celle de ses camarades. Il partait seul, à la brume, le fusil sur le dos, un revolver au côté, le sabre nu passé dans la ceinture. Le long des haies, par les sillons, au fond des fossés, il se glissait, rampait sur les mains, à plat ventre, fouillant des yeux les ténèbres, s'arrêtant au moindre bruit, puis reprenant sa marche. De temps en temps, il mettait l'oreille contre terre et écoutait. Un arbre, une branche cassée, une pierre, des traces de pas sur l'herbe, tout lui était bon, tout lui servait d'indice ou de point de repère. Il s'approchait ainsi des lignes ennemies et observait à loisir. Parfois il était entendu. *Wer da? qui vive?* criait la sentinelle. *Gut Freund, bon ami!* répondait-il dans la même langue, et le bon ami aussitôt sortait de sa cachette, tombait sabre en main sur l'Allemand surpris, et d'un seul coup bien asséné lui fendait le casque et la tête. Les coups de sabre ne font pas de bruit.

Certain jour sur la route de Strasbourg, entre Nogent et Neuilly-sur-Marne, vers l'endroit qu'on appelle le Four-à-Chaux, deux cavaliers ennemis se trouvaient en reconnaissance. Hoff par aventure cherchait fortune du même côté. Au bruit des pas, il se dissimule derrière une palissade, tire son sabre et attend. L'un des uhlans avait mis pied à terre, et, laissant son cheval à son camarade, était parti en avant. Un à un, il suivait les arbres de la route, le dos courbé, prêtant l'oreille ; qu'on juge de son épouvante quand il aperçut à trois pas dans l'herbe deux yeux ardents qui le regardaient. Sans lui laisser le temps de la réflexion, Hoff fond sur lui, le tue raide, puis court à l'autre cavalier, qui, les mains prises dans les rênes, essaie en vain de se défendre, et l'étend mort également. Les deux chevaux partent au galop ; Hoff les a toujours regrettés.

Quelquefois, il est vrai, les choses ne se passaient pas aussi simplement : une sentinelle donnait l'alarme, le poste ennemi s'armait, il fallait jouer du fusil. Notre sergent est un excellent tireur, mais il n'aimait pas à prodiguer la poudre. — « Voyez-vous, me disait-il, il ne s'agit pas de tirer beaucoup. Deux, trois cents mètres, je suis sûr de mon coup. J'ai fait mieux que ça une fois, mais ce n'est pas le cas ordinaire. J'étais avec

mon lieutenant dans une maison de Nogent, une petite
maison rouge au bord de la Marne ; on voit encore les
trois créneaux que j'avais percés près du toit. Tout en
haut du viaduc, sur l'autre rive, nous aperçûmes comme
un point noir ; à cette distance, quatre cents mètres au
moins, on aurait dit une branche d'arbre. Le lieutenant
prend sa lorgnette. — Mais c'est un homme, un officier,
me dit-il ; il y a quelque chose à faire. — Je regarde
à mon tour ; avec la lorgnette, on le distinguait fort
bien : un grand beau garçon, ma foi ! à favoris blonds,
à casquette plate. Je voudrais le reconnaître, s'il vivait
encore. Appuyé sur le parapet, il prenait des notes. Je
mets la hausse à quatre cents mètres, j'épaule, je tire,
il s'affaisse, et par-dessus le parapet va rouler dans le
chemin creux qui de chaque côté conduit au viaduc.
Au bout d'un moment, un des leurs arrive pour le
ramasser ; j'y comptais. Je tire une seconde fois ;
l'homme ne tomba pas, mais la balle sans doute avait
passé bien près, car il s'enfuit et ne reparut plus. J'at-
tendis en vain jusqu'au soir. Ils n'osèrent enlever le
corps qu'à la nuit. »

Outre son chassepot, dont il se servait si bien, Hoff
emportait avec lui dans les derniers temps une de ces
carabines Flaubert, appelées *fusils de salon*, qui partent presque sans bruit, et qui à trente pas, pourvu
qu'on vise à la tête, peuvent encore renverser un homme. Elle lui avait été remise par l'aumônier de son
régiment : c'était le don d'une personne qui voulait
rester inconnue. Un capitaine de l'état-major du général d'Exea lui fit aussi cadeau d'une lorgnette ; il s'en
servait pour étudier de loin les positions de l'ennemi.

Quand toutes ces mesures étaient prises, quand il
avait pied à pied reconnu son terrain, choisi sa route
et combiné son plan d'attaque, Hoff revenait pour chercher ses hommes ; ils étaient bien douze ou quinze. En
quelques mots, il leur expliquait la chose, tel bois à
fouiller, tel poste à surprendre ; puis, prudemment à

la file indienne, la petite troupe se mettait en marche. Dans la suite, chaque régiment eut ainsi sa compagnie franche régulièrement formée : on a peu parlé pendant le siége de ces francs-tireurs de la ligne, on leur préférait les vestons éclatants et les chapeaux à plumes de coq ; ils n'en ont pas moins rendu de grands et réels services. Au matin, selon l'importance des renseignements obtenus, Hoff revenait faire son rapport : grande alors était l'émotion parmi les troupes casernées à Nogent ; gardes nationaux et mobiles, tous accouraient pour contempler ces vaillants, et, à les voir rentrer ainsi déguenillés, couverts de boue, noirs de poudre, et plus semblables à des bandits qu'à des soldats, les moins timides demeuraient stupéfaits. Au régiment, c'était à qui leur ferait fête : les camarades étaient fiers d'eux, les officiers les félicitaient et leur serraient la main, mais le plus heureux encore était peut-être leur colonel. Court et fort, les traits énergiques, la parole brève, sévère aux autres et à lui-même, le colonel Tarayre ne plaisantait pas dans les affaires de service : « un rude homme, » disaient les soldats ; avec cela, le cœur grand et bon. Son régiment était pour lui comme une famille, et dans cette famille ses francs-tireurs étaient les plus aimés. Lorsqu'il les voyait partir chaque soir : — C'est vous, mes enfants ? leur demandait-il de sa grosse voix. Allons ! très bien, bon courage ! Et maintenant me voilà tranquille. Quand ces gaillards-là sont dehors, je puis aller me coucher et dormir sur les deux oreilles. — Au fond, le brave colonel dormait un peu moins qu'il ne voulait dire, et, plus d'une fois la nuit, on le rencontra seul, revolver au poing, faisant sa ronde à travers nos lignes, au risque d'attraper lui-même un coup de fusil.

La discipline la plus sévère régnait chez les compagnons de Hoff ; lui-même, dans un langage énergique, avait pris soin de les prévenir : — Vous voulez marcher avec moi, c'est fort bien ; mais le premier de vous qui dort en faction, le premier qui bat en retraite sans **avoir** attendu mes ordres, je lui brûle la cervelle. De votre côté, si vous me trouvez en faute, ne m'épargnez **pas**

Général Charette.

non plus. — Chacun d'eux, ainsi que lui, portait le sabre nu, sans fourreau, pour éviter ce perpétuel cliquetis de fer qui, de loin, si souvent a trahi nos soldats.

Tout homme enrhumé était impitoyablement congédié
et renvoyé à l'hôpital ; pour un franc-tireur, à quelques
mètres de l'ennemi qu'il est venu surprendre, un accès
de toux ne vaut rien. Défense de fumer : la nuit, par
habitude, on allume sa pipe, et l'on se fait envoyer une
balle ; défense aussi d'emporter le moindre objet d'aucune maison. Nogent était alors complètement désert,
et, comme dans tous les villages autour de Paris, les
habitants, surpris par l'annonce du siège, étaient partis, abandonnant leur linge et leur mobilier ; mais Hoff
et les siens ne s'en souciaient guère, ils ne songeaient
qu'aux Prussiens ; à peine prenaient-ils le temps de
dormir.

Ici se place un des faits d'armes qui firent le plus
d'honneur au courage et à l'intrépidité du sergent.
Auprès de Nogent, le lit de la Marne est coupé par deux
longues îles couvertes d'arbres et de broussailles. Tout
Parisien les connaît bien : la première est l'île des
Loups, elle se termine en museau de lièvre, et le viaduc
y appuie ses deux arcades principales ; l'autre se nomme
l'île des Moulins. Toutes deux étaient alors au pouvoir
des Prussiens. Depuis plusieurs jours déjà, Hoff explo-
rait la rive : il avait remarqué en aval du fleuve un
banc de sable encombré d'ajoncs, et près de là une
petite barque engravée. Il se glisse à la nage, dégage
la barque à grand'peine, puis réunit deux ou trois
hommes, bons nageurs comme lui ; à la nuit, l'un
d'eux plonge et va sous l'eau, au bout même de l'île
des Loups, fixer la corde qui doit servir à remonter le
bac. Des rames, on n'en avait point ; le moindre bruit
d'ailleurs eût tout perdu. Un jour presque entier s'écoule.
Du milieu des joncs où ils se tenaient blottis, nos hommes pouvaient voir le factionnaire ennemi se promener
paisiblement, l'arme au bras. Profitant d'une minute
où il a le dos tourné, ils sautent dans la barque ; l'autre
les aperçoit, mais trop tard, lâche son coup de fusil et
se sauve. En même temps une escouade de quinze

hommes, à l'abri des arches du viaduc, passait la Marne en bateau et se répandait dans l'île. Plus de trois cents rejoignirent ensuite ; les Prussiens avaient fui.

A peine maître de la place, avec cette promptitude qui à la guerre fait la moitié du succès, Hoff s'occupe de prévenir un retour offensif de l'ennemi. La fusillade continuait toujours sur la gauche. En quelques minutes, des tranchées sont creusées, des terrassements construits. Le sergent lui-même place ses hommes, et les endroits les plus périlleux sont pour ses vieux amis. A l'extrémité de l'île des Loups, du côté qui regarde l'île des Moulins, s'élève un chêne gigantesque dont le tronc, formé de trois souches, penche au-dessus des eaux : ce fut le poste de Barbaix. Un singulier homme que ce Barbaix ! petit, courbé, la tête en avant, grommelant toujours, les allures d'un vieux sanglier : ses camarades l'avaient surnommé Le Rouge à cause de sa barbe ; un brave garçon d'ailleurs, bien qu'enragé contre les Allemands. Couché comme un serpent le long de son arbre, entre ciel et eau, toute la nuit il tirailla. En face, à trente pas, derrière un arbre également, les Prussiens avaient une sentinelle. Les deux hommes se surveillaient, s'épiaient. Dès que l'un d'eux risquait un mouvement, montrait le bras ou la tête, l'autre tirait : l'écorce des arbres est littéralement hachée par les balles ; mais Barbaix, plus adroit, ne fut pas même touché, deux fois le Prussien tomba et fut remplacé. Au matin, quand on vint trouver Le Rouge pour le relever de faction, il ne voulait pas partir et demandait à tuer le troisième.

Hoff rendit de tels services, que le gouvernement lui donna la croix de la Légion d'honneur. Ce fut un jour de fête pour tout le régiment. Le colonel voulut que la lecture de l'ordre du jour fut faite aux soldats :

« Le colonel est heureux de porter à la connaissance du régiment que par décret du 6 novembre, le sergent Hoff a été nommé chevalier de la Légion d'honneur.

6

Jamais le signe de l'honneur n'aura brillé sur la poitrine d'un plus brave soldat ! »

Si l'on songe que Hoff en était alors à son vingt-septième Prussien, comme l'atteste un ordre du jour du général Trochu, on pensera sans doute que cette distinction, avait été bien méritée par celui qui en avait été l'objet.

Nous touchons à l'époque où sans que personne pût dire ce qu'il était devenu, Hoff disparut soudain mais ce ne fut pas pour longtemps. On préparait une grande sortie du côté de la Marne. Le sergent fut rappelé à son corps ; il prit part ainsi aux deux jours de bataille de Champigny, et c'est en combattant dans les rangs qu'il fut fait prisonnier. Il fut dirigé sur le camp de Grimpert, aux environs de Cologne, et n'en sortit qu'après l'armistice.

Une fois libéré du service, quelque temps après la Commune, un personnage, officier supérieur dans une armée étrangère, fit appeler notre sergent, et là, en présence du consul, lui offrit un brevet de capitaine. Hoff refusa. — Je n'ai servi et ne servirai jamais que mon pays, — dit-il simplement. Au ton dont cette réponse était faite, l'étranger comprit et n'insista plus ; mais il saisit la main de Hoff et la serra cordialement. C'est que le sergent a son idée. Ses trois frères ont opté pour la nationalité française et travaillent ici maintenant ; le jour venu tous seront soldats ; lui-même, malgré sa blessure, il peut encore manier un fusil. Et il y a là-bas au pays le vieux père, la vieille mère, demeurés seuls, mais vaillants encore, qui ont tenu à garder jusqu'au bout le coin de terre où leurs enfants sont nés. Tant que l'Alsace restera prussienne, tant que par droit de conquête les reîtres étrangers feront chez nous la loi, Hoff ne doit point chercher à embrasser ses parents, il le sait. Sa liberté, sa vie peut-être paierait cette imprudence. Et cependant, d'une foi vive envisageant l'avenir, il compte bien les revoir un jour : il reverra les Vosges, et Saverne, et Strasbourg, et le vieux Rhin qu'on a fait tout allemand... Si c'est une illusion, je n'aurais garde de la lui ravir.

Aujourd'hui, l'héroïque soldat qui combattit si bien pour la patrie, sert de gardien à l'Arc de Triomphe, au monument glorieux qui porte les noms immortels des victoires gagnées par nos pères.

Le Sergent de turcos

Il y avait à Fræschwiller des soldats africains que nous nommons les turcos. Le 2ᵉ régiment était sous les ordres du brave colonel Suzzoni. Quoique blessé, il était à la tête de quelques hommes, seuls survivants de ses beaux bataillons. Le drapeau du régiment est encore debout, percé de balles, noirci par la poudre. Il va tomber au pouvoir de l'ennemi, et Suzzoni veut le conserver à la France. Il appelle un vieux sergent et lui dit : Prends notre drapeau et sauve-le. Le sergent connaît les plus intrépides, il en choisit quatre, roule la flamme autour de la hampe, serre la main que lui présente son colonel, et, bravant les balles, se glisse dans un bois.

Ses quatre compagnons, enfants de la Kabylie, reprennent leurs habitudes du désert. Ils s'abritent dans les buissons, se glissent comme des serpents dans des fourrés impénétrables, demeurent immobiles derrière les arbres, pour n'être pas découverts. Ils se séparent et se rejoignent, essuient des feux de pelotons, sont chargés et poursuivis par les cavaliers, se cachent sous les roseaux de la rivière, et n'en sortent que pour marcher rapidement dans l'obscurité de la nuit. Ils vont ainsi, pendant deux journées, dans un pays inconnu, se nourrissant de racines, à peine vêtus, et les pieds ensanglantés. Le troisième jour, ces cinq hommes entrèrent dans la ville de Strasbourg, leur drapeau déployé. Salués, acclamés par la population, ils furent portés en triomphe chez le gouverneur. Le drapeau était sauvé.

Les cinq turcos, en se séparant de lui, poussèrent leur cri de guerre, qui rappelle le rugissement du lion dans la montagne.

René Gombaud

René Gombaud, sergent de zouaves, né à Dinan, était prisonnier à Ingolstadt, ville forte de Bavière ; il y fut fusillé dans les circonstances suivantes :

Ce sous-officier était à faire une cigarette à la porte de sa baraque, lorsqu'un caporal allemand passe et lui dit : Rentrez, dans une langue que Gombaud ne comprenait pas. Il resta donc à sa place. Le caporal le saisit par l'épaule et le pousse. A son tour, le sergent saisit l'Allemand et l'écarte avec indignation ; un sous-officier français ne se laisse pas frapper impunément. Gombaud est condamné à être fusillé.

L'aumônier le prépare à la mort ; l'heure fatale arrive et le sergent garrotté est conduit au milieu du camp, sans bandeau sur les yeux, il ne l'a pas voulu. La cour martiale est là ; six mille prisonniers français ont été réunis pour assister à l'exécution. Les fusiliers bavarois sont à quelques pas de Gombaud. « Vous autres, leur dit-il, ne tirez que lorsque j'aurai donné le signal » ; puis se tournant vers les soldats français : « Camarades, je vais mourir, mais avant, criez tous avec moi : Vive la France! » Une immense clameur s'élève, les prisonniers répétaient le cri du sergent : — *Feu*, dit-il fièrement. Percé de balles, on le voit tomber, les bras étendus et le visage tourné vers le ciel. Ce brave enfant de la Bretagne avait vingt-deux ans.

Le sergent François

Le 5 juin 1859, le général de brigade Abel Picard, publia un rapport dans lequel on lisait les lignes suivantes, relatives à Jacques-Claude François, sergent au 129ᵉ de ligne.

Les troupes, tournées par les Autrichiens, étaient forcées de reculer, le général Clerc venait d'être tué, un canon était perdu, lorsque François tomba, atteint d'une balle au pied. Ses camarades voulurent l'enlever, il refusa : « Si la bataille est perdue, dit-il, j'aime mieux mourir; si nous la gagnons vous viendrez me reprendre. Je ne vous demande qu'un service : bandez-moi le pied avec un mouchoir ; faites-moi un rempart avec les corps et les sacs des camarades; donnez-moi toutes les cartouches que vous pourrez trouver et laissez-moi. Adieu camarades et Vive la France!

Mais les Autrichiens perdirent du temps, ce qui permit à une brigade du 3e corps d'entrer en ligne et de les repousser. François fut recueilli et porté à l'ambulance. Il fut, pour son acte héroïque, cité à l'ordre du jour de l'armée et médaillé. Blessé encore à la bataille du Mans, il a été nommé Chevalier de la Légion d'Honneur le 15 janvier 1871. Il fut retraité le 20 septembre 1875.

NOUVELLES ET ANECDOTES

Le coffret rempli de cendres

(Souvenir de Strasbourg)

En août 1870, la ville de Strasbourg était encore française. Autour de la flèche gigantesque et merveilleuse de la cathédrale fourmillaient, près du sol, les toits et pignons de ses logis, hachés par ses rues entrecroisées et par sa rivière aux quarante-sept ponts.

Un corset de remparts bastionnés la serrait aux flancs, défendu lui-même par un fossé qu'au moyen d'écluses, l'Ill, à volonté, emplissait.

Mais, non loin de Strasbourg, passait la guerre avec ses nuées prussiennes, chargées de tonnerres.

Après la bataille de Reischoffen, la charge formidable de nos cuirassiers se communiqua en déroute à l'armée, et ce ne fut plus, dos retourné, qu'une charge de fuyards jusque dans les murs de Strasbourg.

Les lignes prussiennes marchaient derrière, nombreuses, impénétrables, impassibles, et la vigie, dans la flèche de la cathédrale, en signalait toujours et sans cesse.

Un cercle de deux cents canons et de cent obusiers cerna bientôt la ville fermée.

L'impitoyable général de Werder fit diriger trois boulets sur le Munster. Le premier faucha les colonnes de la lanterne. Le second abattit la lanterne. Le troisième emporta la croix. Dès lors, l'averse des obus se déchaîna impétueusement. Le jour et la nuit, les obus pleuvaient du faîte des combles au fond des caves. Six cents maisons en décombres brûlaient. Strasbourg n'était plus qu'une mer de flammes.

Dans la rue de la Nuée-Bleue s'élevait la modeste maisonnette d'un tanneur strasbourgeois. La vie lui avait donné six enfants, une fille et cinq garçons, et la mort lui avait pris sa femme. Sous cette grêle d'obus, écrasant et incendiant, les enfants criaient, terrifiés, autour du père, dont les regards et le silence étaient farouches. Il aimait tendrement ses enfants et adorait follement Strasbourg, la ville de tous ses berceaux et de toutes ses tombes. A la fin, dans la tempête de fer se trouva une bombe pour la maisonnette. La bombe creva sa toiture et traversa brusquement tous les étages. En un instant, l'incendie flambait, désordonné, de haut en bas.

Le lendemain, la maisonnette de la Nuée-Bleu n'était plus qu'un monceau de cendres. Les enfants avaient été recueillis par une famille charitable dans sa demeure encore debout, tandis que le père, avec désespoir, se battait aux remparts.

Toutes les tragiques péripéties d'un siège forcené se succédèrent jusqu'à ce que la ville de Strasbourg capitula. Strasbourg au cœur français fut contraint d'endosser la livrée prussienne. Ses habitants durent opter entre l'annexion ou l'expatriation.

Le tanneur strasbourgeois n'hésita pas. Il s'en alla

revoir une dernière fois les ruines de sa maison — cette maison de famille si remplie de souvenirs et d'ombres aimées. Prenant ensuite ses deux plus jeunes enfants par la main et suivi des autres, il partit. Il n'emportait avec quelques rares effets, qu'un petit coffret en fer qu'il considérait avec une tendre émotion et sur lequel il veillait avec un soin jaloux. La petite famille vint à Paris, au cœur de la chère patrie.

Or, Paris ouvrait maternellement son sein et son cœur à tous les Alsaciens fugitifs. Le tanneur ne tarda pas à trouver de l'ouvrage et dans la rue Saint-Martin occupa un logement exigu à l'étage des mansardes. Mais si haut qu'on fût logé, on n'apercevait plus, hélas ! comme autrefois, dans l'azur du ciel, l'aiguille de la bonne cathédrale strasbourgeoise. Le mobilier était pauvre et sans souvenir. Seul, le coffret sur la cheminée rappelait la maisonnette de la Nuée-Bleue. La fille du tanneur avait seize ans, et elle était devenue à la fois la ménagère, la mère et l'institutrice des cinq petits frères dont l'aîné avait dix ans. Le dimanche, le père restait à la mansarde, et l'on parlait alors de Strasbourg, et l'on pleurait ensemble. On vivait difficilement, mais on ne désespérait jamais.

Arrivèrent 1872, le mois de février et le mercredi des cendres. Toute cette famille de malheureux Alsaciens était fervente catholique. C'est pourquoi la sœur conduisit ses frères à l'église d'où ils revinrent tous le front signé de cendre.

En rentrant sous leur toit enneigé, ils retrouvèrent le vieux tanneur au regard plus sombre et aux paupières rougies par les larmes.

Silencieusement, il réunit ses enfants autour de lui avec une gravité extraordinaire. Les enfants le considéraient, curieux et interrogateurs, pendant qu'il prenait avec piété, sur la cheminée, le mystérieux et précieux coffret de fer. Aucun n'osait souffler mot. Le père fit joindre les mains à ses enfants, puis tira de son sein une petite clef qu'il baisa. Aux sollicitations de la clef, le coffret s'ouvrit. Il était plein de cendres.

Mes enfants, leur dit-il, il y a Dieu à adorer dans le ciel, mais il y a la patrie à aimer sur la terre. Le prêtre vient de tracer sur vos fronts une croix avec la cendre de buis béni. Le père maintenant va vous marquer à son tour des cendres de la maisonnette de Strasbourg. Hélas! voilà tout ce que j'ai pu emporter d'elle.

Et, prenant avec émotion une pincée de la cendre dans le coffret, il traça sur le front de tous ses enfants un S en répétant chaque fois et à voix haute et forte : « *Memento*. Souviens-toi que tu as quitté, Français, la terre d'Alsace et que tu dois retourner, un jour, dans l'Alsace française. »

La voix du père était tremblante et ce tremblement semblait communiquer un frisson aux enfants. Ils aimaient aussi Strasbourg. Le père continua : « Chaque année en ce mercredi des Cendres, anniversaire de tristesse et d'humilité, je vous ferai ressouvenir de la douleur que nous ne devons jamais dépouiller, de la prière que nous ne devons nous lasser de répéter, de l'espérance que nous ne devons cesser d'entretenir.

La voix du vieux tanneur vibrait avec une énergie d'accent et une solennité d'expression qui firent étinceler les prunelles des enfants et tressaillir quelque chose dans leur poitrine. Il leur ordonna alors de se signer avec lui, puis, leur ayant présenté le coffret refermé, il le déposa sur la cheminée. Tous gardaient le silence et tous eurent, jusqu'au soir, des larmes dans les yeux et le cœur.

Depuis 1872, onze ans se sont écoulés. Les enfants ont grandi. Deux sont déjà sous les drapeaux : l'un, en conscrit, l'autre, en volontaire. L'âge venu, les autres iront rejoindre leurs frères. En attendant, chaque mercredi des Cendres, l'Alsacien marque à l'initiale de la ville de Strasbourg le front des enfants qui restent encore à son foyer.

Un glorieux anniversaire

Sur la route qui conduit de Bougival à la Celle-Saint-Cloud, ou plutôt sur la gauche de celle-ci, se trouve un monument qu'il est impossible de regarder sans tristesse et sans un légitime orgueil. C'est une colonne d'aspect simple, sur un socle où la piété du souvenir porte, chaque année, des rubans tricolores, des couronnes et des fleurs. Parmi les monuments commémoratifs élevés, un peu partout, aux environs de Paris, à la mémoire des victimes de la guerre 1870-71, il n'en est pas qui rappelle rien de plus simplement grand. Trois noms y sont gravés, dans la pierre, autant qu'il m'en souvient; mais, j'ai retenu celui du vieux jardinier Debergue, que les Prussiens fusillèrent, dans les premiers jours de l'investissement de la capitale, le 26 septembre 1870.

C'est dans l'adversité, dans les jours de malheur, que le patriotisme accomplit les plus réels prodiges. Ceux qui marchent avec le succès n'ont pas grand mérite à se dire patriotes, quand il n'y a plus, pour eux, ni efforts à faire, ni difficultés à vaincre. L'héroïsme même du champ de bataille peut s'expliquer par l'entraînement, par une sorte d'ivresse ou de folie, qui suppriment toute réflexion et font accomplir parfois des exploits presque inconscients. Mais le patriotisme de la défaite, l'héroïsme réfléchi en présence d'un ennemi victorieux et impitoyable que l'on sait incapable de toute magnanimité, voilà ce qui est admirable et qui fait du jardinier Debergue, de ce simple mais de ce vrai Français, un homme digne des temps antiques.

Le monument qui rappelle son nom et je dirais volontiers sa gloire, est élevé à l'endroit même où le brave tomba sous les balles allemandes. C'était un vieux soldat, ancien sous-officier sous la monarchie de Juillet, blanchi sous le harnais, presque trop vieux pour le métier qu'il faisait, et dont chacun, dans le pays, estimait le caractère. Et voilà tout simplement ce qu'il fit.

Une fois Bougival occupé par eux, les Allemands mirent la localité en communication télégraphique avec Versailles. Debergue coupa le fil. Celui-ci rétabli, il le coupa encore ; mais il fut pris, traduit devant une cour martiale et condamné à être passé par les armes. Je me demande ce qui doit se passer au fond de la conscience des juges chargés de prononcer de ces sentences là.

C'était dur pourtant de fusiller ce vieil homme, coupable d'aimer son pays et de le servir, et la cour martiale eut une sorte de remords. Le fait est si rare qu'il est bon de le noter en passant. Des fusils portés par de jeunes soldats ne couchent pas aisément en joue un vieillard, et si la rude discipline n'était là, j'aime à croire que bien des balles s'égareraient, dans de telles circonstances. Le plomb fondu pour les armes de guerre devrait répugner à de telles besognes. Les ennemis eurent alors une sorte de fausse honte et promirent la vie sauve à Debergue, s'il voulait s'engager à s'abstenir de toute tentative ultérieure. Il refusa, une telle promesse étant au-dessus de ses forces de patriote. Alors il n'y eut plus qu'à exécuter la sentence et on l'exécuta.

C'est là, à un quart d'heure de la Seine, dans un des sites les plus riants des environs de Paris, que mourut stoïquement le vieux jardinier Debergue, à la fin de ce beau mois de septembre 1870, qui ne faisait point prévoir un hiver aussi dur et aussi terrible. On a raconté, depuis lors, bien des actes d'héroïsme de cette guerre néfaste ; on a eu raison, car c'est en rappelant de tels faits et en écrivant de telles légendes que l'on peut espérer réchauffer les cœurs engourdis. Je ne sais rien, je n'ai rien lu de plus simplement beau que cela. C'est la protestation la plus éloquente qu'il soit possible d'imaginer contre l'invasion victorieuse, faite par un fils du sol, par un simple dont le cœur s'élève et domine les circonstances, par un Français dans lequel s'incarne l'âme de la patrie et qui, à lui tout seul, veut faire et fait quelque chose de très grand.

Un mois plus tard, sur le même emplacement, les Allemands fusillent encore deux hommes, deux ouvriers qui avaient eu l'audace de faire le coup de feu contre eux dans le combat de la Jonchère. On trouvera leur nom sur le socle du monument de Bougival.

En recueillant soigneusement, ce qui ne serait pas impossible, les faits de même nature qui se produisirent sur tout le sol envahi depuis Wissembourg jusqu'à Buzenval, on composerait un Livre d'Or tout à l'honneur national et qui, répandu à des milliers d'exemplaires, laisserait dans les jeunes esprits des traces profondes, et plus tard, sans aucun doute, susciterait bien des émulations. Quoi de plus beau que la fin de ce vieillard héroïque, qui pouvait vivre encore et qui, simplement, sans ostentation, sans fanfaronnade, s'est placé en face des fusils allemands et s'est offert en holocauste à la Patrie! Je défie quiconque a du sang français dans les veines de passer par là sans sentir monter à ses paupières des larmes de gratitude et d'admiration.

Le duc de Malakoff et le vétéran

On a souvent représenté le maréchal Pélissier duc de Malakoff, comme violent et d'une dureté excessive. Cette légende, comme beaucoup d'autres, est le contraire de la vérité. On en verra la preuve dans l'histoire touchante que vient de rappeler la *Gazette du dimanche* :

« Le duc de Malakoff se trouvant à Toul pour une inspection, vit passer un enterrement; sur le cercueil se trouvait l'uniforme de sergent-major de chasseurs à pied; un homme âgé suivait tristement; derrière lui, quelques amis en petit nombre. Le maréchal dit au général A... de s'informer. Celui-ci apprit que le sous-officier conduit à sa dernière demeure, avait été grièvement blessé à Magenta, et qu'envoyé en congé de convalescence, il était mort de ses blessures ; le frère aîné du sergent-major avait été tué en Crimée, et le vieux père, lieutenant en retraite, restait seul, pauvre et abandonné avec une retraite de 420 fr. »

Un mois après, le maréchal revenait à Toul. Descendu à l'hôtel, il envoya prier le vétéran de se rendre chez lui à onze heures, et l'invita à partager sans façon un déjeûner modeste.

Sur la table il n'y a que deux couverts. Le maréchal s'asseoit, et le brave lieutenant procède avec une lenteur respectueuse. Il déploie sa serviette, et jette un cri. Une croix de la Légion d'honneur est là, suspendue à son ruban rouge : elle repose sur deux larges enveloppes. Le vétéran sanglote, ses mains tremblent, il veut se lever mais les forces lui manquent, ses lèvres étaient muettes ; il regarde le maréchal et celui-ci, tout souriant se lève, prend la décoration, l'attache à la boutonnière du lieutenant, et jetant sur la table les deux enveloppes, dit rapidement : Ceci est votre brevet de légionnaire, et cela une pension de 1,200 fr.

« Maintenant, entamons l'omelette, car je suis pressé. »

La peur d'avoir peur

Le 2e régiment de hussards, tout frais débarqué de France, avait rallié la petite armée du maréchal Bugeaud la veille de la bataille d'Isly. Ces jeunes soldats, absolument novices, et fort empruntés pour bivaquer, faire la soupe, etc., eurent beaucoup d'attitude durant l'action, qu'éclairait un soleil d'août brûlant à 38 degrés centigrades.

La journée était terminée, et pendant que s'élevaient les tentes, nous étions couchés, anéantis de fatigue et sommeillant, aux pieds de nos chevaux que tenaient quelques cavaliers de ce régiment.

Ils devisaient entre eux nous croyant endormis.

L'un d'eux, un Alsacien dit : « *Ch'ai eu choliment beur d'afoir beur mais che n'ai pas eu beur.* » J'ai eu joliment peur d'avoir peur, mais je n'ai pas eu peur. »

Le maréchal Bugeaud en rit aux larmes.

Le drapeau du Fort Constantin

C'est le 30 mars 1856 que fut signé le traité de paix entre la France et la Russie. Voici un des derniers épisodes de cette guerre de Crimée si féconde en traits d'héroïsme et en admirables folies de bravoure.

Pendant le siège de Sébastopol, un des plaisirs favoris du 32ᵉ fut d'aller pêcher des grenouilles dans la Tchernaïa.

Cette pêche avait une double attraction. D'abord, elle nous permettait d'introduire dans notre ordinaire un extra fort recherché; ensuite, et surtout, elle nous fournissait l'occasion de narguer les Russes sans grand danger.

Ils avaient installé, à droite d'Inkermann trois batteries que l'armée, à cause de leur peu d'importance, eut bientôt surnommées Gringalet, Guignol et Bilboquet.

Or, tant que nous étions occupés à pêcher, Gringalet et Bilboquet envoyaient des boulets aux grenouilles.

Un des plus enragés à *faire tirer les Russes*, était un vieux soldat à trois chevrons, qui s'appelait Jolly et qui eût été alors capitaine s'il avait su lire.

Il restait des journées, assis au bord de la rivière, beaucoup plus occupé de son gibier que des projectiles qui passaient autour de lui.

L'idée fixe de Jolly était de gagner la croix, la *machinelle*, comme il disait.

Un jour, en se rejetant en arrière pour éviter un boulet trop bien pointé, il sentit un violent frottement au haut des reins ; un autre boulet, non moins habilement pointé, venait de lui enlever les deux boutons de sa capote.

Il se dit alors que les Russes, dont il était si dédaigneux, se perfectionnaient de jour en jour dans la manœuvre du canon ; que lui, pour vouloir trop manger de grenouilles, pourrait bien finir par être mangé par elles, et que, de cette façon, il n'aurait jamais la croix.

Il renonça donc à la pêche.

Dans ce temps là, c'était une obsession pour tous que la croix ; lorsqu'on voyait des camarades, blessés aux divers engagements, partir pour Kamiesh avec trois ou quatre balles dans le corps, revenir guéris au bout de quelques semaines, et se faire blesser de nouveau, on était jaloux ; on disait d'eux : il y a des gens qui ont de la chance ! On aurait voulu être à leur place.

C'était un stimulant qui, ajouté aux distributions d'eau-de-vie faites avant la bataille, donnait du cœur aux plus timides.

Sur ces entrefaites, le jour du grand assaut arriva.

Jolly s'était promis de se distinguer, mais il ne put sans doute se faire remarquer ; il eut la malchance de n'être pas blessé ; toujours est-il que la croix lui échappa une dernière fois.

La guerre était à peu près terminée : Sébastopol nous appartenait. Jolly se creusait la tête pour trouver, contre toute espérance, un moyen d'arriver à son but.

Chaque soir, pendant une semaine, on le vit se promener sur le rivage, tantôt en contemplant les forts du Nord, encore au pouvoir des Russes, tantôt plongé dans de profondes réflexions.

Jolly avait pour ami un Breton, nommé Guillerm d'une force herculéenne, qui avait été mis dans les grenadiers à cause de sa taille.

Guillerm avait obtenu la croix à la suite d'un fait de guerre assez remarquable.

Il s'agissait de mettre en position une batterie ex-

posée au feu des assiégés. Tous les artilleurs avaient
été tués; pour placer les pièces, on fut obligé de s'adresser aux grenadiers.

— Ça me va, fit Guillerm, et s'adressant à un autre
Breton qu'on appelait Jacques, parce qu'on ne pouvait
pas prononcer son autre nom, et qui était lui aussi
d'une grande vigueur, il lui dit quelques mots dans
leur langue. Cela signifiait évidemment qu'ils seraient
décorés s'ils en réchappaient.

Tous les deux s'approchèrent donc résolument des
pièces, et sous une avalanche de boulets, avec une
force et une adresse prodigieuses, ils les mirent rapidement en batterie.

Cette batterie fut dans la suite d'un grand secours.
Elle contribua à couler la flotte russe, qui nous faisait
un mal extrême, et à décider de la prise de Sébastopol.

Jolly amena donc un jour au bord de la mer son
ami Guillerm, et étendant le bras vers un fort dont le
pavillon flottait à l'extrémité de la presqu'île :

— Tu vois cette baraque? lui demanda-t-il.

— Oui : c'est le fort Constantin.

— Et cette guenille sur le rempart ?

— Oui, eh bien?

— Eh bien, avant que nous prenions ensemble la
baraque, il faut que je prenne la guenille à moi tout
seul.

— Tu es fou, on coulera ton bateau.

— C'est bien pour ça que j'irai à la nage.

— Tu te noieras.

— Je suis resté des trois heures en mer, à me promener.

— Comment monteras-tu sur le talus du fort?

— Crois-tu que j'emporterai mes souliers pour y
grimper ? Je sais me servir de mes pieds mieux que de
mes mains.

— Mais le rebord, le chapiteau du rempart ?

— Une bêtise, ton chapiteau ! Tu oublies que j'ai

été moniteur de gymnase. Depuis quand un rétablissement me ferait-il peur?

Guillerm vit bien que tenter de retenir son ami eut
été folie.

— Qui eût pu le retenir lui-même le jour où il ga-
gna la croix ? Il se mit à sa disposition.

La nuit venue, une nuit d'août, assez chaude, avec
un ciel nuageux où la lune ne paraissait pas, les deux
amis se rendirent en grand secret sur le rivage.

Guillerm portait une lanterne pour guider Jolly,
lorsqu'il reviendrait avec son drapeau, car Jolly avait
juré de le rapporter ou de mourir.

Lorsque ce brave soldat, entièrement déshabillé, se
disposa à se mettre à l'eau, Guillerm fit une dernière
tentative.

— Quand tu seras sur ton parapet, dit-il en le rete-
nant par le bras, comment te débrouilleras-tu avec la
sentinelle?

— Je te le dirai tout-à-l'heure, répondit Jolly ; et,
se dégageant, il plongea dans les eaux du golfe.

Il se mit à nager doucement, sans se fatiguer, réser-
vant ses forces pour le retour, redoublant de précautions à mesure qu'il approchait du fort, dont la masse
noire s'élevait à un quart de lieue en mer.

Là-bas, sur la rive, Guillerm restait debout, immo-
bile, les yeux attachés sur la route que son ami devait
parcourir.

Enfin, Jolly sentit sous sa main la muraille presque à
pic de la forteresse ; il sortit de l'eau sans bruit, et rete-
nant son souffle, il commença d'escalader le remblai.

Au-dessus de sa tête, il entendait le pas rythmé de
la sentinelle, et par moments le claquement du drapeau
flottant au souffle de la brise.

Blotti sous le rebord du parapet, il attendit que la
sentinelle fût passée ; alors, il exécuta en trois mouvements le rétablissement promis, sauta sur le chemin
de ronde, jeta par-dessus le rempart le soldat surpris,

et, arrachant le drapeau, se précipita avec lui dans la mer.

Mais la sentinelle russe, revenue à elle, et se maintenant à peine sur l'eau, poussait des cris désespérés.

Alors Guillerm tressaillit en voyant une lueur illuminer le fort; et presque aussitôt le bruit d'un coup de canon vint confirmer sa crainte. On tirait sur son camarade, Jolly avait-il enlevé le drapeau ?

Il alluma sa lanterne et en dirigea la lueur du côté du fort, très anxieux, comptant les coups, cherchant à distinguer quelque chose.

Il avait machinalement compté plus de quarante coups de canon, et il lui semblait que cela durait depuis un siècle, quand il aperçut dans le rayon de sa lanterne, un point blanc sur la crête d'une vague.

— C'est toi? cria-t-il tout joyeux.

— C'est nous, répondit la voix de Jolly.

Et bientôt lui-même prenait terre, tenant enroulé autour de son corps le drapeau si hardiment conquis. Il reçut la *machinette*, naturellement, et termina même la campagne en qualité d'adjudant.

Mais, lorsqu'on lui parlait de son aventure, il répondait :

— Ce n'est pas d'avoir enlevé le drapeau qui m'a le plus amusé, c'est d'avoir fait perdre aux Cosaques quarante-trois coups de canon.

— Car, lui aussi, par plaisir les avait comptés en nageant.

L'Odyssée d'un Tambour-major

Il s'appelle Bailly — le plus bel homme de l'armée française — énorme de taille, merveilleusement proportionné, d'une force musculaire colossale. Il avait été médaillé en Italie. A une revue de l'Empereur, en 1866, le maréchal Regnault l'avait remarqué à la tête de ses tapins, faisant pirouetter sa canne au-dessus de sa tête, et l'avait fait passer d'office au 1er grenadiers de la garde.

Ah! le bel homme! Aussi était-il l'enfant gâté du régiment. En promenade, lorsque quelque chose clochait un peu dans ses tapins, le colonel infligeait quatre jours de consigne à Bailly ; Bailly ne disait rien, mais, courbant les épaules, la canne sous son bras, il s'en allait la tête basse. Et le colonel disait à un officier :

— Dites donc à Bailly que ce n'est pas une tenue, ça, que diable !

Bailly redressait la tête, mais il continuait à porter sa canne comme un parapluie et à marcher d'un air contrit. Le colonel s'impatientait et finissait toujours ainsi :

— Allons ! c'est bien ; dites à Bailly que sa punition est levée.

Oh ! alors c'était une transformation. Le plus beau des tambours-majors saisissait sa canne, droit comme un I. Se dandinant sur ses hanches, il la faisait sauter en l'air, il la rattrapait tournoyant encore, pour la renvoyer à des hauteurs vertigineuses, à l'effarement des bourgeois qu'il regardait du haut de sa grandeur.

— A la bonne heure, disait le colonel en le regardant avec complaisance, voilà mon gaillard !

On entra en campagne. A Gravelotte, Bailly avait sa canne de combat : un énorme jonc à pomme de plomb. Quand on marcha à la baïonnette, Bailly, qui dépassait ses hommes de tout le buste, brandissait sa terrible masse, et tout ce qu'il touchait mordait la poussière. On estime que Bailly abattit bien douze ou quinze Allemands, étendus par terre, raides comme des bœufs à l'abattoir.

Le soir, les habits en lambeaux, le colback perdu, Bailly rentrait avec les débris de ses tapins, n'ayant d'intact sur lui que ses bottes merveilleuses, plissées, vernies, aves des glands extraordinaires.

Il fut décoré sur le champ de bataille, et dame, il ne l'avait pas volé.

Néanmoins, après Metz, il fallut partir en captivité. Dirigé sur Heidelberg, cet homme étonna les Allemands par sa structure tout-à-fait exceptionnelle. On lui laissait en ville une liberté relative, et Bailly n'en abusait pas, car il n'était ni ivrogne, ni querelleur.

Un soir, dans un estaminet où l'on recevait les journaux français, Bailly lisait tranquillement, accoudé devant son bock. En face de lui, sur la table de marbre, la tête dans ses mains, un sous-officier prussien

M. Thiers.

grossier paour à la large face, d'une laideur repoussante, une longue pipe en porcelaine entre ses dents s'enivrait lentement et méthodiquement en regardant d'un œil de haine le tambour-major qui se tenait muet dans un coin.

On avait appris le jour même la capitulation de Paris. L'Allemand regarda Bailly d'un air goguenard :

— Caput, Paris, lui dit-il ; Français poltrons, Paris caput !

— Qu'est-ce que vous dites? lui dit Bailly, je n'entends pas bien.

— Paris, caput! Français lâches, capons; caput, Paris!

Bailly était devenu tout pâle; il avait bien entendu la première fois; à la seconde il n'y tint plus...

Et levant le poing, il l'abattit de toute sa force sur la tête alourdie du Prussien.

Le coup était épouvantable. La longue pipe avait disparu tout entière dans l'œsophage du sous-officier dont la tête, broyée comme d'un coup de masse, était aplatie sur le marbre. L'homme avait été tué raide.

On se jeta sur Bailly. Il assomma le premier bourgeois d'un second coup de poing, jeta le suivant par la fenêtre, et enfin, gagné par le nombre, il se retrancha dans une encoignure derrière un billard. Une queue de billard à la main, il frappait ferme et fort, et ne reprenait haleine que pour changer de queue, lorsque son instrument se brisait sur une tête.

Le sol était jonché d'individus étendus, de débris de queues, et Bailly était toujours dans son encoignure, inexpugnable, droit comme un chêne.

On alla chercher la garde; baïonnette au canon, une vingtaine de soldats montèrent l'étroit couloir. Bailly avait saisi tout un faisceau de queues, et faisait avec cette arme étrange un moulinet si terrible que les soldats n'osaient point s'approcher.

Cela dura ainsi quelques minutes. Deux ou trois audacieux voulurent essayer et tombèrent lourdement sur le plancher. L'officier, de derrière ses baïonnettes, parlementa avec Bailly qui, comprenant l'inanité de sa défense de héros, jeta loin de lui son faisceau.

— C'est bien, dit-il, emmenez-moi, mais, jour de Dieu, ne me touchez pas!

On l'emmena à la prison, sans oser le toucher, tant le respect qu'inspirait la force de ce beau soldat était grand.

Le lendemain, le conseil de guerre s'assemblait, et Bailly fut condamné à la peine de mort. Tous les officiers prisonniers signèrent une demande pour Bailly.

En faveur de ses antécédents, de la douceur habituelle de son caractère, il fut commué dans un convoi de prisonniers condamnés aux travaux forcés : le malheureux partait à perpétuité.

Le piquet qui les escortait était insuffisant ; les prisonniers, très nombreux. A la fin du premier jour de marche, Bailly demanda à s'arrêter au coin d'un bois. On lui laissa une sentinelle et la colonne continua sa route.

A peine au détour de la route, Bailly planta un énorme coup de poing à la sentinelle et sauta dans le bois. L'homme fit feu. Au bruit du coup de fusil, l'officier arrêta la colonne, mais il n'osa pas prendre sur lui de la faire rétrograder. Les prisonniers étaient nombreux, il craignit une révolte générale, et, réflexion faite, il ne détacha que deux ou trois hommes qui entrèrent dans le bois pour la forme. On ne trouva rien et l'on continua la route.

Il resta dans le bois jusqu'au soir. La nuit venue, il sortit pour chercher une maison isolée. Son costume était étrange. Des débris d'uniforme en loques, des broderies d'or noircies et usées, un képi troué et ses superbes bottes de Gravelotte dont il n'avait pu se défaire.

Il arrêta un paysan sur la route et lui fit comprendre qu'il voulait tout son accoutrement. Le paysan, effrayé, considéra ce géant et s'exécuta de bonne grâce. Quant aux souliers, il n'y fallait pas songer ; Bailly n'y pouvait pas mettre le bout du pied.

Puis il entra dans une maison, prit sur la table des ciseaux et coupa ses moustaches. Un pain sous son bras, il reprit tranquillement sa route et marcha toute la nuit sans savoir où il allait. Il était, d'ailleurs, décidé à tout. A l'aide d'un couteau, il s'était coupé une gaule énorme, et ainsi armé, il couchait dans les bois essayant au milieu de la nuit, de trouver le chemin de la Belgique.

Bien souvent, harassé de fatigue, à jeun depuis vingt-quatre heures, il s'endormait au revers d'un fossé, miné par le découragement. Il lui venait alors l'idée d'aller se constituer prisonnier et d'en finir tout de suite.

— C'est inutile, se disait-il, je n'en sortirai jamais !

Une nuit, il entendit parler français sur la route. Emergeant de sa cachette, il bondit jusqu'aux deux individus qui causaient et leur raconta sa courte histoire.

C'étaient des Français qui, trop vieux pour servir, étaient restés en Allemagne pour y liquider leur petit avoir et revenir en France aussitôt après.

Le lendemain, Bailly, grâce à eux, avait une carte, des points de repère indiqués et des chemins précis. Le courage lui revint alors, et, bravement, il se remit en route, sa précieuse carte dans sa blouse.

Un peu en aventurier, il arriva enfin à cette frontière qu'il désirait si ardemment.

Les soldats du piquet ne voulaient pas le laisser passer tant son costume était étrange.

Une blouse bleue en loques, un foulard noué sur la tête, un pantalon de toile sale et troué, couvert de terre et de boue, qui lui descendait à peine au-dessous du genou, son énorme masse noueuse à la main, et enfin, ses superbes bottes à glands d'or.

La barbe sale, inculte, le visage hâve, Bailly n'avait plus figure humaine. Il se réclama du consul qui recula d'effroi à son aspect. Trois jours après, il arrivait au camp de Sartrouville et se faisait verser comme tambour-major au 106e de ligne.

L'odyssée du héros inconnu avait duré vingt et un jours.

Et il avait toujours ses bottes !

L'exécution de Murat

Il y a plusieurs sortes d'héroïsme : l'héroïsme du champ de bataille qui naît au milieu de la mêlée, au bruit des balles et des boulets, et l'héroïsme *à froid*, celui qui sans excitation, sans témoin, en face de lui-même, vous laisse envisager avec calme les plus grands périls et la mort même. Murat, roi de Naples, ce paladin dont Napoléon Ier disait qu'il n'avait jamais vu quelqu'un de plus brave, de plus déterminé, de plus brillant, est mort en héros. Alexandre Dumas a consacré à son exécution une de ses pages les plus touchantes.

Le 13 octobre 1815, à six heures du matin, le capitaine Stratti entra dans la prison du roi ; il dormait profondément : Stratti allait sortir, lorsqu'en marchant vers la porte, il heurta une chaise ; ce bruit réveilla Murat.

— Que me voulez-vous, capitaine ? demanda le roi.

Stratti voulut parler, mais la voix lui manqua.

— Ah ! ah ! dit Murat, il paraît que vous avez reçu des nouvelles de Naples ?..

— Oui, sire, murmura Stratti.

— Qu'annoncent-elles ? dit Murat.

— Votre mise en jugement, sire.

— Et par qui l'arrêt, sera-t-il prononcé, s'il vous plaît ? Où trouve-t-on des pairs pour me juger ? Si l'on me considère comme un roi, il faut assembler un tribunal de rois ; si l'on me considère comme un maréchal de France, il me faut une cour de maréchaux, et si l'on me considère comme général, et c'est le moins qu'on puisse faire, il me faut un jury de généraux.

— Sire, vous êtes déclaré ennemi public, et comme tel vous êtes passible d'une commission militaire ; c'est la loi que vous avez rendue vous-même contre les rebelles.

— Cette loi fut faite pour des brigands, et non pour des têtes couronnées, Monsieur, dit dédaigneusement Murat. Je suis prêt, que l'on m'assassine, c'est bien ; je n'aurais pas cru le roi Ferdinand capable d'une pareille action.

— Sire, ne voulez-vous pas connaître la liste de vos juges.

— Si fait, Monsieur, si fait ; ce doit être une chose curieuse : lisez, je vous écoute.

Le capitaine Stratti lut les noms. Murat les entendit avec un sourire dédaigneux.

— Ah ! continua-t-il lorsque le capitaine eut achevé, il paraît que toutes les précautions sont prises.

— Comment cela sire ?

— Oui ; ne savez-vous pas que tous ces hommes, à l'exception du rapporteur Francesco Froio, me doivent leurs grades ? Ils auront peur d'être accusés de reconnaissance, et, moins une voix peut-être, l'arrêt sera unanime.

— Sire, si vous paraissiez devant la commission, si vous plaidiez vous-même votre cause ?

— Silence, Monsieur, silence... dit Murat. Pour que je reconnaisse les juges que l'on m'a nommés, il faudrait déchirer trop de pages d'histoire ; un tel tribunal est incompétent, et j'aurais honte de me présenter devant lui ; je sais que je ne puis sauver ma vie, laissez-moi sauver au moins la dignité royale.

En ce moment, le lieutenant Francesco Froio entra pour interroger le prisonnier, et lui demanda ses noms, son âge, sa patrie.

A ces questions, Murat se leva avec une expression de dignité terrible :

— Je suis Joachim Napoléon, roi des Deux-Siciles, lui répondit-il, et je vous ordonne de sortir.

Le rapporteur obéit.

Alors Murat passa son pantalon seulement et demanda à Stratti s'il ne pouvait adresser des adieux à sa femme et à ses enfants. Celui-ci, ne pouvant plus parler, répondit par un geste affirmatif ; aussitôt Joachim s'assit à une table, et écrivit cette lettre :

« Chère Caroline,

» L'heure fatale est arrivée, je vais mourir du dernier des supplices ; dans une heure tu n'auras plus d'époux, et nos enfants n'auront plus de père : souvenez-vous de moi et n'oubliez jamais ma mémoire.

» Je meurs innocent, et la vie m'est enlevée par un jugement injuste.

» Adieu, mon Achille ; adieu ma Lætitia ; adieu mon Lucien ; adieu, ma Louise.

» Montrez-vous dignes de moi ; je vous laisse sur une terre et dans un royaume plein de mes ennemis : montrez-vous supérieurs à l'adversité, et souvenez-vous de ne pas vous croire plus que vous n'êtes en songeant à ce que avez été.

» Adieu, je vous bénis. Ne maudissez jamais ma mémoire. Rappelez-vous que la plus grande douleur que j'éprouve dans mon supplice est celle de mourir loin de mes enfants, loin de ma femme, et de n'avoir aucun ami pour me fermer les yeux.

» Adieu, ma Caroline ; adieu, mes enfants ; recevez ma bénédiction paternelle, mes tendres larmes et mes derniers baisers.

» Adieu, adieu ; n'oubliez pas votre malheureux père.

» Joachim MURAT. »

Pizzo, ce 13 octobre 1815.

Alors, il coupa une boucle de ses cheveux et la mit dans la lettre. En ce moment, le général Nunziante entra ; Murat alla à lui et lui tendit la main :

— Général, lui dit-il, vous êtes père, vous êtes époux, vous saurez un jour ce que c'est que de quitter sa femme et ses fils. Jurez-moi que cette lettre sera remise.

— Sur mes épaulettes, dit le général en s'essuyant les yeux.

— Allons, allons, du courage général, dit Murat ; nous sommes soldats, nous savons ce que c'est que la mort. Une seule grâce, vous me laisserez commander le feu, n'est-ce pas ?

Le général fit signe de la tête que cette dernière faveur lui serait accordée ; en ce moment le rapporteur entra, la sentence du roi à la main. Murat devina ce dont il s'agissait :

— Lisez, monsieur, lui dit-il froidement, je vous écoute.

Le rapporteur obéit. Murat ne s'était pas trompé; il y avait eu, moins une voix, unanimité pour la peine de mort.

Lorsque la lecture fut finie, le roi se retourna vers Nunziante :

— Général, lui dit-il, croyez que je sépare, dans mon esprit, l'instrument qui me frappe de la main qui le dirige. Je n'aurais pas cru que Ferdinand m'eût fait fusiller comme un chien; il ne recule pas devant cette infamie! c'est bien, n'en parlons plus. J'ai récusé mes juges, mais non pas mes bourreaux. Quelle est l'heure que vous désignez pour mon exécution ?

— Fixez-la vous-même, sire, dit le général.

Murat tira de son gousset une montre sur laquelle était le portrait de sa femme; le hasard fit qu'elle était tournée de manière que ce fut le portrait et non le cadran qu'il amena devant ses yeux; il le regarda avec tendresse :

— Tenez, général, dit-il en le montrant à Nunziante, c'est le portrait de la reine, vous la connaissez; n'est-ce pas qu'elle est bien ressemblante ?

Le général détourna la tête. Murat poussa un soupir et remit la montre dans son gousset.

— Eh bien, sire! dit le rapporteur, quelle heure fixez-vous ?

— Ah! c'est juste, dit Murat en souriant, j'avais oublié pourquoi j'avais tiré ma montre en voyant le portrait de Caroline.

Alors il regarda sa montre de nouveau, mais cette fois du côté du cadran.

— Eh bien! ce sera pour quatre heures, si vous voulez; il est trois heures passées, c'est cinquante minutes que je vous demande; est-ce trop, monsieur ?

Le rapporteur s'inclina et sortit. Le général voulut le suivre.

— Ne vous reverrai-je plus, Nunziante ! dit Murat.

— Mes ordres m'enjoignent d'assister à votre mort, sire ; mais je n'en aurai pas la force.

— C'est bien, général, c'est bien ; je vous dispense d'être là au dernier moment ; mais je désire vous dire adieu encore une fois et vous embrasser.

— Je me trouverai sur votre route, sire.

— Merci. Maintenant laissez-moi seul.

Murat se promena quelques minutes à grands pas dans sa chambre ; puis il s'assit sur son lit et laissa tomber sa tête dans ses deux mains. Sans doute, pendant le quart d'heure où il resta ainsi absorbé dans ses pensées, il vit repasser devant lui sa vie toute entière, depuis l'auberge d'où il était parti jusqu'au palais où il était entré ; sans doute, son aventureuse carrière se déroula pareille à un rêve doré, à un mensonge brillant, à un conte des *Mille et une Nuits*. Comme un arc-en-ciel, il avait brillé pendant un orage, et, comme un arc-en-ciel, ses deux extrémités se perdaient dans les nuages de sa naissance et de sa mort. Enfin il sortit de sa contemplation intérieure et releva son front pâle, mais tranquille. Alors il s'approcha d'une glace, arrangea ses cheveux : son caractère étrange ne le quittait pas. Fiancé de la mort, il se faisait beau pour elle.

Quatre heures sonnèrent.

Murat alla lui-même ouvrir la porte.

Le général Nunziante l'attendait.

— Merci, général, lui dit Murat : vous m'avez tenu parole ; embrassez-moi, et retirez-vous ensuite, si vous le voulez.

Le général se jeta dans les bras du roi en pleurant et sans pouvoir prononcer une parole.

— Allons du courage, lui dit Murat ; vous voyez bien que je suis tranquille.

C'était cette tranquillité qui brisait le cœur du général ; il s'élança hors du corridor et sortit du château en courant comme un insensé.

Alors le roi marcha vers la cour : tout était prêt
pour l'exécution. Neuf hommes et un caporal étaient
rangés en ligne devant la porte de la chambre du conseil. Devant eux était un mur de douze pieds de haut ;
trois pas avant ce mur était un seuil d'un seul degré :
Murat alla se placer sur cet escalier, qui lui faisait
dominer d'un pied à peu près les soldats chargés de
son exécution. Arrivé là, il tira sa montre, baisa le
portrait de sa femme, et, les yeux fixés sur lui, il commanda la charge des armes. Au mot feu ! cinq des
neuf hommes tirèrent : Murat resta debout. Les soldats
avaient eu honte de tirer sur leur roi ; ils avaient visé
au-dessus de sa tête.

Ce fut peut-être en ce moment qu'éclata le plus
magnifiquement ce courage de lion qui était la vertu
particulière de Murat. Pas un trait de son visage ne
s'altéra, pas un muscle de son corps ne faiblit ; seulement, regardant les soldats avec une expression de
reconnaissance amère :

— Merci, mes amis, leur dit-il ; mais, comme tôt
ou tard vous serez obligés de viser juste, ne prolongez
pas mon agonie. Tout ce que je vous demande, c'est
de viser au cœur et d'épargner la figure. Recommençons.

Et avec la même voix, avec le même visage, il
répéta les paroles mortelles les unes après les autres,
sans lenteur, sans précipitation, et comme il eût commandé une simple manœuvre ; mais cette fois, plus
heureux que la première, au mot feu ! il tomba percé
de huit balles, sans faire un mouvement, sans pous-
ser un soupir, sans lâcher la montre qu'il tenait dans
sa main gauche.

Les soldats ramassèrent le cadavre, le couchèrent sur
le lit où dix minutes auparavant il était assis, et le
capitaine mit une garde à la porte (1).

(1) Murat, beau-frère de Napoléon Ier, fut roi de Naples de 1808 à 1814.

Le général Chanzy

Né à Nouart, dans les Ardennes, le 18 mars 1823, Chanzy (Antoine-Eugène-Alfred), fils d'un officier du premier Empire, débuta apprenti marin, sur le vaisseau le *Neptune*, le 4 décembre 1839 ; mais il ne persévéra pas à servir dans la marine ; la vie qu'il y menait lui parut bientôt privée de charmes. Il avait rêvé des aventures et n'avait rencontré que la monotonie. Congédié le 10 décembre 1840, il s'engagea comme soldat, le 3 mai 1841 au 5ᵉ régiment d'artillerie. Malgré cela, il travailla avec une ardeur remarquable afin de pouvoir entrer à Saint-Cyr, et il y réussit complètement ; car, admis à l'Ecole spéciale militaire le 13 novembre 1841, il devenait caporal le 3 décembre 1842 et sergent le 28 mars 1843 ; à sa sortie de l'Ecole, il fut nommé sous-lieutenant le 1ᵉʳ octobre 1843, au régiment de zouaves ; son colonel était Cavaignac ; il partit alors en Afrique, où il fit campagne sans interruption pendant *seize années*, du 10 décembre 1843 au 1ᵉʳ juin 1859. Pendant cet espace de temps, il fut promu lieutenant au 43ᵉ de ligne, le 28 juillet 1848, capitaine au 1ᵉʳ régiment de la légion étrangère le 16 mai 1851 et en la même qualité au 54ᵉ de ligne, le 16 mai 1854 ; puis chef de bataillon le 25 août 1856, au 23ᵉ de ligne. Le 16 juillet 1852, il avait été nommé chevalier de la Légion d'honneur. Il avait étudié la langue, les mœurs et les coutumes des Arabes, et il sut dans ses fonctions administratives se faire estimer des indigènes autant que des Européens.

C'est avec le 23ᵉ régiment de ligne qu'il fit la campagne d'Italie, en 1859, à la 1ʳᵉ brigade de la 1ʳᵉ division du 3ᵉ corps (maréchal Canrobert). Promu lieutenant-colonel le 21 avril 1860 au 71ᵉ de ligne et officier de la Légion d'honneur le 26 décembre suivant, il prit part à la campagne de Syrie, en 1860-1861. Il fallait châtier les Druses et protéger les chrétiens. Puis ensuite, il alla, du 24 octobre 1861 au 24 mai 1864, à la division du corps d'occupation à Rome. Colonel du 48e le 6 mai 1864, et du 92e le 1er septembre 1868, il retourna en Algérie pour la seconde fois où il fit campagne pendant encore six années (du 6 octobre 1864 au 2 octobre 1870). C'est en 1868 que le général Deligny, commandant la province d'Oran, écrivait au maréchal de Mac-Mahon, alors gouverneur général : « Le colonel Chanzy, appelé à rentrer en France, désire vivement continuer à servir en Algérie, et ce désir concorde avec l'intérêt qui s'attache à ce qu'il soit maintenu. Il serait difficile de le remplacer dans son commandement ; on aurait, en effet, de la peine à rencontrer, dans un autre candidat, autant de valeur intrinsèque réunie à une aussi grande connaissance des hommes et des choses de ce pays ».

Voici la note du maréchal de Mac-Mahon sur le colonel Chanzy, au moment où il le proposait pour le grade de général de brigade : « Officier des plus distingués sous tous les rapports ; très intelligent, rectitude de jugement hors ligne, vigoureux, énergique, brave à l'ennemi ; appelé au plus grand avenir ».

Promu général de brigade le 14 décembre 1868, il fut chargé du commandement de la 3e subdivision de la province d'Oran, à Sidi-bel-Abbès. Lorque la guerre fut déclarée en 1870, à l'Allemagne, il n'eut pas la chance d'être aux premiers combats ; ce fut peut-être un bonheur providentiel, car, prisonnier comme tant d'autres, soit à Sedan soit à Metz, aurions-nous eu, faute de ce bras énergique, une résistance aussi prolongée en province ?

Le 16e corps, qui devint plus tard la base de la 2e armée de la Loire, fut constitué dans la seconde quinzaine d'octobre, et se forma à Blois et à Bourges, sous le commandement du général Pourcet. Le général Chanzy, qui venait d'être appelé en France et promu général de division, le 20 octobre, eut alors, dans ce corps d'armée, le commandement de la division composée des brigades Bourdillon et Deplanque; puis, le 2 novembre suivant, il remplaça dans son commandement le général Pourcet dont la santé laissait fort à désirer depuis quelques jours. Dès les premières affaires, il se montra véritable homme de guerre. A Villepion, à Vallière, et à Coulmiers, le 16e corps s'acquitta de sa tâche avec vigueur et entrain. Les résultats étaient tels qu'on pouvait l'espérer et l'armée de Chanzy coucha au-delà des positions d'abord assignées.

A Loigny, le 2 décembre, où l'on eut affaire à toute l'armée du grand-duc de Mecklembourg et à une grande partie du corps bavarois, renforcé deux fois pendant la bataille, c'est la 1re division du 16e corps qui fut la dernière à cesser la lutte; mais, malgré des prodiges de valeur, le 16e corps fut accablé par des forces supérieures et surtout écrasé par une formidable artillerie. Le général, se trouvant séparé du centre de l'armée, dut se retirer sur la rive droite de la Loire, dans la direction de Beaugency. Alors commença une retraite vraiment remarquable, avec des troupes dont les jeunes éléments pouvaient faire craindre pour l'énergie et la discipline indispensables dans de pareilles circonstances.

C'est à l'occasion de la bataille de Loigny que le général Chanzy fut promu grand-officier de la Légion d'honneur (2 décembre 1870).

Quelques jours après, le 5 décembre, le Ministre de la guerre décida que toutes les forces qui se trouvaient sur les deux rives de la Loire formeraient, dès ce moment, deux armées. Le général Pourcet, qui avait pris le commandement du 16e corps, après la retraite d'Orléans, ne pouvant continuer la campagne, M. Gambetta, très indécis sur le nom du général à qui il allait confier cet important corps d'armée, s'adressa au maréchal de Mac Mahon et lui demanda de désigner l'officier capable de résister aux Allemands victorieux et de défendre pied à pied le sol de la Touraine et de l'Anjou.

« Je ne connais qu'un homme apte à entreprendre une telle campagne, répondit à M. Gambetta le maréchal de Mac Mahon, c'est le général Chanzy. »

Chanzy fut donc investi du commandement en chef de la deuxième armée de la Loire, composée des 16ᵉ, 17ᵉ et 21ᵉ corps. C'est encore plus dans cette nouvelle situation de commandement et de si haute responsabilité qu'il fit preuve d'un rare talent militaire ; il était d'une activité superbe, faisant face à tout ; infatigable et possédant une sûreté de coup d'œil fort rare, il ne laissait pas à d'autres la moindre responsabilité il voulait tout voir par lui-même. (Le maréchal de Moltke avait écrit « le général Chanzy est un des très rares généraux contemporains qui peuvent commander une armée de 200,000 hommes, *sans perdre la tête.* »)

A peine avait-il pris possession de ce nouveau commandement, qu'il fut attaqué ; et la lutte fut encore bien opiniâtre ; après plus d'une semaine de marche pénible, et au milieu d'attaques incessamment répétées, il fallut faire face à l'ennemi, entre Josnes et Beaugency ; à Marchenoir et à Origny, il arrêta le mouvement offensif des Allemands ; puis, voyant qu'il n'avait nul secours à attendre de la première armée de la Loire, il prit le parti de marcher sur le Mans, où avant d'y parvenir, il dut combattre à tout instant. Jusqu'au 10 janvier, l'ennemi fut maintenu à distance, mais le 11, il fallut livrer bataille sous les murs de la capitale du Maine. Les excellentes dispositions prises par Chanzy, semblaient devoir assurer aux nôtres une issue favorable, quand, attaqué pendant sa retraite, il dut soutenir, le 15 janvier, avec le 16ᵉ corps, une lutte désespérée, que vint interrompre la nouvelle de l'armistice. Après la bataille du Mans, les commandants de corps d'armée, entrant chez le général en chef, trouvèrent Chanzy les yeux pleins de larmes et écrivant à Gambetta, ministre de la guerre : « Le Mans est perdu. Si je n'avais écouté que mon indignation, j'aurais fait sauter les ponts et j'aurais lutté quand même. Néanmoins, j'ai cru que mieux encore valait conserver cette armée à la France, dans l'espoir qu'un jour peut-être elle prendrait sa revanche ; et j'ai donné en pleurant de rage l'ordre de la retraite sur Laval. »

La gloire de Chanzy est de n'avoir jamais désespéré du sort de la France ; et d'avoir su, avec une armée formée de jeunes soldats et de cadres insuffisants, tenir tête à de vieilles troupes aguerries par de longs combats et par l'habitude de la victoire. Il défendait le terrain pas à pas, et infligeait à l'ennemi des pertes cruelles.

La ténacité de Chanzy étonnait et déconcertait les vainqueurs. On espérait toujours le saisir, l'envelopper, détruire son armée, mais il pénétrait le secret de la stratégie allemande, il se dérobait aux étreintes de l'ennemi et, jusqu'à la signature de la paix, il conserva une armée à la France. Trois lignes de retraite avaient été défendues l'une après l'autre : la Loire, le Loir, la Sarthe ; on se retranchait encore sur la Mayenne. Son admirable retraite en échiquier peut être comparée avec avantage à celle de Moreau, en Allemagne, en 1796.

Lorsqu'à la suite de l'armistice il fut décidé que des élections auraient lieu pour envoyer des députés à l'Assemblée nationale à Bordeaux, le général Chanzy apprit qu'il avait été élu par le département des Ardennes. C'est à regret qu'il allait s'éloigner de l'armée pour quelques jours ; mais dans des circonstances aussi graves que celles où l'on se trouvait, il ne crut pas qu'il lui fût possible de décliner l'honneur du mandat qu'il devait au choix spontané de ses concitoyens ; alors surtout, qu'il considérait comme un devoir, d'apporter à l'Assemblée nationale, la vérité sur l'armée et son opinion sur notre situation militaire.

Mais, en chef prévoyant, comme il s'était tant montré depuis son arrivée aux armées de la Loire, toutes les dispositions étaient arrêtées, les mouvements en voie d'exécution, et il s'arrangea de façon qu'étant à

Bordeaux, il lui serait toujours facile de régler les questions importantes ou de rejoindre promptement au besoin son quartier général, à Poitiers. Et, en laissant provisoirement, lors de son départ pour l'Assemblée, le commandement de toutes les forces de l'Ouest au géné-'ral Colomb, il était assuré que le 10 février au soir « au moins huit divisions d'infanterie, la cavalerie, une grande partie de l'artillerie et du gros matériel seraient de l'autre côté de la Loire, et que les projets de l'ennemi sur le bas du fleuve allaient se trouver déjoués ou tout au moins entravés par une défense devenue possible, des contrées qu'il nous fallait protéger ».

Le général avait pleine confiance dans un retour prochain de la fortune ; il ne désespérait pas, et c'est pourquoi, lorsqu'il fut arrivé à l'Assemblée de Bordeaux, il vota contre le projet de loi relatif aux préliminaires de la paix. Certes on ne pouvait l'en blâmer, et il faut toujours admirer ceux même que « espèrent contre toute espérance ».

Le traité ratifié le 1er mars par l'Assemblée nationale mit fin à la guerre, et les armées françaises furent dissoutes ; en relevant le général Chanzy de son commandement, le général Le Flô, ministre de la guerre, lui adressa cette lettre, datée de Bordeaux, le 7 mars 1871 :

« Mon cher général,

» Un décret du gouvernement dissout toutes les armées ou corps d'armée du territoire, et supprime par conséquent tous les états-majors qui y étaient attachés. La deuxième armée est naturellement comprise dans cette mesure, et votre commandement cessera par conséquent à dater de demain (8 mars). Au moment où vous rentrez dans la disponibilité, en attendant que des circonstances plus heureuses me permette d'utiliser vos talents et votre dévouement, je veux vous offrir toutes mes félicitations sur l'honneur que vous vous êtes fait et les brillants services que vous avez rendus. Dites à votre brave armée, officiers de tous grades et soldats, que je les remercie au nom de notre pays tout entier de leur courage et de leur patriotisme. Si la France avait pu être sauvée, elle l'eût été par eux. La fortune ne l'a pas voulu ; résignons-nous momentanément, mais ne désespérons jamais de ses grandes destinées que rien ni personne ne pourrait jamais arrêter. »

Avant de quitter ses intrépides et infatigables compagnons d'armes, Chanzy leur annonça l'éclatant témoignage que le gouvernement rendait de leur patriotisme!... « Vous pourrez être fiers, leur disait-il, d'avoir fait partie de la deuxième armée de la Loire, dont les efforts, s'ils n'ont pas abouti au succès que vous avez poursuivi avec tant d'opiniâtreté, ne resteront pas sans gloire pour le pays dont ils ont contribué à sauver l'honneur. Vous avez tenu tête aux armées les plus nombreuses et les mieux commandées de l'Allemagne. L'histoire racontera ce que vous avez fait ; l'ennemi lui-même s'honorera en vous rendant justice. Vous allez rejoindre vos foyers, conservez inébranlable votre dévouement au pays. Quant à moi, mon plus grand honneur est de vous avoir commandés ; mon plus vif désir est de me retrouver avec vous, chaque fois qu'il s'agira de servir la France. »

Après la dissolution de son armée il vint siéger a l'Assemblée de Versailles. Dans la séance du 7 juin 1872, Chanzy soutint avec énergie les cinq ans de service militaire contre le général Trochu qui demandait trois ans seulement. Lorsque nos forces militaires commencèrent à se réorganiser, il fut pourvu, par décision du Président de la République, en date du 1er septembre 1872, du commandement du 7e corps d'armée, à Tours, comprenant les troupes stationnées dans les 15e, 16e et 18e divisions militaire. Puis, ensuite, il fut nommé, le 18 juin 1873, gouverneur général civil de l'Algérie, fonctions, qu'il ne quitta qu'au 18 février 1879 pour aller occuper le poste d'ambassadeur de la

République française près l'empereur de Russie. En se rendant à son poste il s'arrêta à Berlin et descendit à l'hôtel de l'ambassade de France chez son collègue et ami le comte de Saint-Vallier. Il y avait à peine deux heures qu'il était arrivé, lorsque le prince de Bismarck se présenta à l'ambassade et demanda à M. de Saint-Vallier de vouloir bien le présenter au général Chanzy dont il était très désireux de faire la connaissance.

Le prince de Bismarck pria le général de prolonger son séjour à Berlin, et lui fit part du désir de le connaître manifesté par l'Empereur Guillaume, qui, dans ce but, le priait d'assister à un dîner donné en son honneur le surlendemain. En outre, le chancelier invita l'ambassadeur de France à Pétersbourg à dîner chez lui le lendemain, et ce dîner qui eut lieu en tête-à-tête dura plus de trois heures. Le nouvel ambassadeur sut se concilier de suite la sympathie de la famille impériale et de la société russe! Plus actif, plus jeune et plus alerte que l'honorable général auquel il succédait, le général Chanzy eut l'heureuse fortune d'être à la fois bien vu de la colonie française et du monde pétersbourgeois. Ses voyages à l'intérieur de l'empire, ses réels efforts pour étudier et comprendre le grand pays auprès duquel il était accrédité, le souvenir déjà légendaire de la campagne de 1870, sur la Loire, tout contribuait là-bas à le rendre populaire; ainsi s'explique l'étonnement et les regrets profonds qu'il laissa à Saint-Pétersbourg, lorsqu'à l'avènement du ministère Gambetta, en novembre 1881, il résigna ses fonctions diplomatiques.

A son retour en France, il fut nommé membre du Conseil supérieur de la guerre et du Comité de défense; puis, par décret du 27 janvier 1882, le général Chanzy qui avait été placé hors cadre, fut réintégré numériquement dans le cadre de la 1re section de l'état-major général et nommé, le 19 février suivant, au commandement du 6e corps d'armée.

Le général Chanzy fut élevé à la dignité de Grand-Croix le 22 août 1878. Un décret du 13 février 1872 lui avait conféré la médaille militaire.

Il était, en outre, officier de l'Instruction publique, grand-croix de l'Ordre d'Alexandre Newski, commandeur des Ordres du Saint-Sépulcre, de Saint-Grégoire-le-Grand, de Charles III d'Espagne, du Medjidié de Turquie et décoré de la médaille commémorative de la campagne d'Italie.

Il comptait 42 années de services et 36 campagnes dont voici le résumé : Du 4 décembre 1839 au 9 décembre 1840 sur le *Neptune*; en Algérie, du 10 décembre 1843 au 1er juin 1859; en Italie, 1859; en Syrie, 1860-1861; à Rome, du 21 octobre 1861 au 24 mai 1864; en Algérie, du 12 octobre 1864 au 2 octobre 1870; contre l'Allemagne, 1870-1871; Algérie, du 23 janvier 1873 à décembre 1878.

Tel est le général que nous avons opposé à Frédéric-Charles sur la Loire, et dont M. Gambetta parlait en ces termes dans sa dépêche de Bourges « de l'indomptable énergie du général Chanzy qui paraît être le véritable homme de guerre révélé par les derniers événements ».

Le général Chanzy avait été élu sénateur inamovible le 10 décembre 1875. Le 30 janvier 1878, lors de l'élection présidentielle, il obtint 99 voix, sans qu'il eût cependant recherché ces suffrages; nous croyons même nous rappeler qu'à cette occasion il protesta contre cette tentative d'amis ou d'adversaires trop zélés.

Rappelons qu'au moment où chacun discutait sur ce qui s'était passé pendant la guerre si fatale que nous venions de soutenir, lorsqu'on cherchait à se rendre compte des causes de nos désastres, le général eut la bonne et patriotique pensée, d'écrire l'historique de *la Deuxième armée de la Loire* qu'il avait commandée ; il lui était dû de raconter ses efforts pour défendre le pays et sauver son honneur.

Dans cet ouvrage, paru en 1871, au lendemain de
nos désastres, le général rapporte les faits militaires
sans les commenter, avec une exactitude scrupuleuse,
sans esprit de parti et pour tous. Il montre combien
cette armée de la Loire a souffert et vaillamment combattu, combien ses soldats improvisés, comme plus
d'un de leurs chefs, peuvent être fiers d'avoir lutté
pendant près de cinq mois, au milieu de privations
sans nombre, de fatigues incessantes, par un hiver
exceptionnellement rigoureux, contre un ennemi qui,
victorieux des vieilles troupes dont s'enorgueillissait
la France, avait bien pu la faire reculer de cinquante
lieues durant toute cette campagne, mais l'avait toujours trouvée devant lui, et la laissait entière, debout
et les armes à la main, au moment où se signait la
paix. Et, comme le dit dans son livre, le vaillant
homme de guerre que la France pleure aujourd'hui :
« Si tant de sang répandu, si tant de souffrances supportées n'ont pu sauver le pays, ils n'en resteront pas
moins comme la plus éloquente des protestations d'un
grand peuple défendant son honneur et son indépendance, comme le gage le plus assuré de ce qu'il saura
faire pour relever sa fortune, reprendre sa place et
reconquérir son intégralité. »

Après avoir fait connaître le soldat, l'homme public,
parlons de l'homme privé.

Chanzy se renfermait volontiers dans son foyer, mais
il ne fuyait pas systématiquement le monde. Il causait
avec agrément. Il contait l'anecdote d'un air aisé et
sur un ton piquant. Modeste, il ne parlait jamais de
ses succès, quoiqu'il aimât fort à s'entretenir de la
guerre. C'était pour sa bienveillance, l'occasion de
louer les autres. Observateur profond, Chanzy aimait
à voir et à comparer ; aussi savait-il beaucoup. On cite
de lui certaines maximes politiques qui ne manquent
ni de vérité ni d'ironie.

On raconte qu'Abd-el-Kader lui aurait dit en Syrie,

alors qu'il n'avait pas encore été mis en lumière par
la campagne franco-allemande :

« Tu es de la race des grands hommes de guerre ;
je lis cela dans ton œil aussi facilement qu'on lit dans
l'œil d'un cheval de Sétif le nom de sa famille. »

La Providence ne lui a pas permis de justifier cette
prédiction. Nous le regrettons, moins encore pour lui
que pour nous. Il avait pourtant une grande confiance
en son étoile. A la séance de la Chambre du 2 février
1883 M. Philippoteau a rapporté ce mot de lui :

Général Chanzy.

« Que les généraux français qui veulent le bâton de
maréchal de France aillent le chercher de l'autre côté
du Rhin ! »

Quoi qu'il en soit, il était de ceux en qui l'on pouvait
espérer, parce qu'il avait de la discipline militaire, le
sentiment calme et inflexible, qui est la première qualité d'un chef d'armée. On connaît cette anecdote, qu'il
est bon de rappeler de nouveau :

C'était quelques mois après la paix de Bordeaux. Le

général était député, assis à son banc à Versailles, lorsqu'on le fait demander. Affaire urgente, lui dit-on.
C'est un père qui a à lui parler de son fils.

Le général sort de l'Assemblée, salue avec sa char-
mante politesse accoutumée l'homme qui veut lui parler : un sexagénaire, à tournure militaire, moustache
et cheveux blancs, ganté de noir, en grand deuil.

— Général, lui dit l'inconnu, je vous demande pardon de vous déranger, mais j'habite la province, j'ai
perdu mon fils aux environs du Mans, dans un des
combats qui ont précédé la dernière bataille... et, malgré mes recherches, je n'ai pu découvrir l'endroit où
il est tombé. Je voudrais pourtant recueillir son cadavre. Je porte un nom assez connu pour que celui de
mon fils vous ait peut-être frappé. Pouvez-vous me dire
où mon enfant est mort?

Et l'homme en deuil s'était nommé, très simplement.

Le nom était beau, en effet, presque illustre.

Le général Chanzy regarda, de ses yeux bleus soudain presque brouillés de larmes, ce père qui lui demandait où, glorieusement, en défendant la patrie, avait
péri son fils.

Or, — le nom avait bien frappé le général si peu de
temps auparavant, — le jeune homme, arrêté dans un
groupe de fuyards criant à la trahison contre les chefs
et poussant les autres bataillons vers la déroute, avait
été, devant l'armée qu'il fallait frapper par l'exemple,
fusillé contre la muraille d'une petite ferme de la Sarthe.

Le général Chanzy s'en souvenait bien. Il eût pu peut-
être cacher à ce père, qui avait été soldat, la véritable
mort de son enfant. La tentation même de ce mensonge
ne traversa pas l'âme du justicier. Ce qu'il avait fait,
il le dit. Il dit la vérité entière à ce père qui lui demandait l'entière vérité.

— C'était la nécessité et c'était la loi, monsieur.

Et, blême, mordant sa moustache, saluant bien bas ce
chef d'armée qui avait donné l'ordre d'exécuter son fils :

— Puisqu'il avait fait le premier pas dans la fuite, dit le père, mieux valait qu'il n'en fît pas un second. Vous avez bien agi, général ! Le père pleurera, le Français vous remercie !

Le général Chanzy a, depuis, bien souvent, songé, avec une émotion violente, à ce malheureux homme rendant ainsi lui-même un jugement, comme une sorte de Brutus frappant son fils d'une sentence posthume.

Tous ceux qui ont eu l'honneur d'approcher Chanzy, ou seulement de l'entrevoir, se souviennent encore du mâle et doux visage de cet intrépide Français, car sur ses traits la tendresse du père de famille s'alliait à merveille à l'énergie du soldat.

Oui, il y avait dans Chanzy deux hommes. Quand Chanzy était vêtu de la tunique de général, quand il était coiffé du képi à double broderie d'or, — et il savait crânement porter le képi, — il avait un air martial qui imposait ; c'était le chef d'armée qui enflamme ses régiments ; qui tient tête à l'ennemi, s'il n'a à lancer en avant, d'un signe de son épée, que des troupes improvisées ; et qui remporte la victoire s'il a des soldats éprouvés à jeter dans l'arène.

Lorsque Chanzy n'avait plus à tenir le rôle de général, il dépouillait gaiement le décorum militaire ; et dans les champs de Buzancy, il aimait courir à la chasse dans le simple costume du villageois des Ardennes.

Comme nous l'avons déjà dit, le général, à la cour du czar, sut faire apprécier sa personne et son pays. A ses funérailles, on remarquait sur le cercueil une décoration couverte de riches diamants, c'était la décoration que portait à sa mort l'empereur Alexandre II, et que son fils Alexandre III plaça de sa main sur la poitrine du général Chanzy, en disant : « Vous étiez le meilleur ami de mon père ; personne n'est plus digne que vous de la porter. »

Voici une anecdote touchante qui se rapporte au temps où le général était ambassadeur :

— Un certain jour, à St Petersbourg, Chanzy expliquait au tzarewitch la guerre Franco-Allemande de 1870-1871.

Une grande carte de la guerre était devant eux, sur la table. Il semblait au général français que l'ombre noire d'un cyprès se projetait sur elle !

Cependant quelque rares noms de ville ou de bourg rappelaient nos rares victoires de l'année cruelle ! C'étaient comme des petits rayons de jour filtrant sur la carte, à travers les branches de cette ombre de cyprès. La tzarewna était-là — la tzarewna qui aime la France et n'aime pas l'Allemagne —. Elle semblait s'impatienter, alors que son mari s'intéressait fort au récit stratégique des grandes batailles où nous avons été vaincus. Elle cherchait sur la carte ; son doigt effilé de femme montrait, à chaque moment, un de ces trous lumineux dont je viens de parler. Elle disait : « Mais, général, racontez donc ce combat où la France a été victorieuse et qui a eu lieu là ! »

Le tzarewitch faisait : « Laisse-nous donc ! » Mais elle insistait ; et le tzarewich donnait en vain de petites chiquenaudes sur le doigt gêneur.

Le général finit par raconter une de nos dernières victoires..... la princesse Dagmar tenait le doigt fixé sur le mot de COULMIERS, etc.

Quand le tzarewitch donna congé au général, la princesse Dagmar lui tendit la main. Et depuis, le général racontait : « J'ai reculé effrayé, devant cette main.... je sentais que si je la baisais, comme c'était mon devoir ....j'éclaterais en sanglots... »

Encore une anecdote :

C'était au Mans, en décembre 1870. Les avant-postes avaient fait prisonnier un jeune officier des hussards rouges , et on l'amena en présence du commandant de la deuxième armée de la Loire.

L'Allemand était hautain, dédaigneux et légèrement insolent même.

— On m'a pris par hasard, fit-il, comme s'il parlait à un inférieur ; mais vous pourrez m'échanger contre ce que vous voudrez, un colonel, un général si vous le préférez ; nous en avons assez pour cela.
Les officiers de l'état-major de Chanzy, pâles de rage, se tenaient à quatre pour ne pas répondre.

Mais le général en chef imposa silence à tous d'un regard, et s'adressant au lieutenant prussien avec beaucoup de calme :

— Si vous étiez les vaincus, dit-il, le ton que vous prenez serait très digne et votre allure très brave. Mais vous êtes les vainqueurs, et je ne suis plus en face que d'un homme mal élevé. Sortez, Monsieur, vous ne serez pas échangé. L'officier fut envoyé à Pau.

Tout Français doit aimer sa patrie d'un amour désintéressé, mais il ne lui est pas défendu de penser à la gloire et de désirer que son nom passe à la postérité par quelque action d'éclat. Si bien des héros tombent ignorés, un assez grand nombre se voient honorés par leurs concitoyens. Leurs belles actions sont relatées dans des livres et souvent on leur élève des statues dans le pays de leur naissance.

C'est le 5 janvier 1883 que le général Chanzy est mort subitement à Châlons-sur-Marne où il commandait depuis près d'un an le 6e corps d'armée, et le 26 septembre 1884, sa ville adoptive, Busancy, lui élevait une statue. Le 16 août 1885, la ville du Mans érigeait une autre statue — mais cella-là nationale — à l'héroïque commandant en chef de la deuxième armée de la Loire.

Le général est représenté debout, en tenue de campagne : képi, dolman à brandebourgs, les trois étoiles sur la manche, chaussé de grandes bottes montant au-dessus du genou ; le bras droit est tendu, raidi par la colère, poing fermé. La statue pèse mille kilogrammes, et a trois mètres de hauteur. Sur le socle, on lit cette inscription : « A Chanzy. — A la deuxième armée de la Loire — 1870-1871. »

La statue de Chanzy est due au ciseau de M. Crauch, un de nos meilleurs sculpteurs. Il nous reste à parler des groupes du soubassement.

Le groupe de façade symbolise *la Résistance*; un artilleur, frappé à mort, couvre de son corps la pièce de bronze, muette désormais; un fusilier marin, la cuisse brisée, cherche dans sa cartouchière la dernière balle à tirer pour la France.

Le groupe opposé rappelle *la Défaite;* un jeune fantassin, sans armes, fouille la terre avec rage et rend le dernier soupir.

A droite, c'est l'*Attaque*; un officier debout, une longue-vue à la main, indique aux troupiers qui se pressent à ses côtés la direction dans laquelle ils doivent tirer. A ses pieds, un jeune soldat imberbe est étendu et comprime, de sa main crispée, une blessure mortelle. Sur la droite de l'officier deux soldats de ligne tirent, l'un debout, l'autre genou en terre. Devant l'officier, un jeune mobile et un vieux troupier.

A gauche, c'est la *Défense*. Le centre du groupe est occupé par l'officier porte-drapeau, qui étreint la hampe d'une main nerveuse. A droite, le chasseur à pied va mettre en joue l'assaillant; derrière lui, un zouave de Charette, superbe de défi. Au pied du porte-drapeau, un chasseur d'Afrique, à demi écrasé par sa monture, qui vient de s'abattre, braque sur l'ennemi le canon de son revolver.

La conception de ces groupes fait le plus grand honneur au jeune sculpteur Aristide Croisy.

A la cérémonie d'inauguration de la statue plusieurs discours ont été prononcés; nous donnons ici celui de l'amiral Jauréguiberry. Il contient des réflexions patriotiques éloquemment exprimées et fait connaître mieux encore celui que l'on a appelé avec raison le *Soldat de la Défense nationale.*

« Un homme dont la France s'honore avec juste raison disait il y a quelques mois devant l'Académie : « Le

grand général est celui qui réussit. » Si l'illustre savant
avait connu le général Chanzy, s'il l'avait suivi pas à
pas, comme plusieurs d'entre nous, dans cette deuxième armée de la Loire dont ce monument est destiné à
perpétuer le souvenir, il n'aurait pas, j'en suis con-
vaincu, déclaré d'une manière aussi absolue que le mérite dépend du succès.

« Comment réussir, en effet, lorsque la volonté la
plus tenace, l'énergie la plus intelligente, la bravoure la
plus indomptable — et toutes ces qualités se trouvaient
réunies au suprême degré dans la personne de Chanzy
— viennent à chaque instant se briser contre les obstacles que jamais les grands hommes de guerre dont
l'histoire nous a transmis les hauts faits n'ont pu sur-
monter? Ces obstacles, vous les connaissez. Il y avait
d'abord le nombre, un flot d'ennemis attaquant de front,
débordant de tous les côtés à la fois, unissant à l'ardeur
que donne une série de victoires remportées sur des
troupes considérées jusqu'alors comme invincibles toutes les ressources de la science moderne, une haine
invétérée contre la France et la soif de venger d'ancien-
nes défaites.

« Que pouvait opposer Chanzy à ces masses accablan-
tes? Vous me répondrez peut-être, en vous basant sur
des faits historiques, que les hommes de génie savent
vaincre même avec des forces bien inférieures en nombre à celles de leurs adversaires; vous me citerez
Alexandre, César, Napoléon, bien d'autres encore. C'est
vrai. Mais ces généraux conduisaient au combat des
troupes d'élite, façonnées depuis longtemps au rude
métier de la guerre, tandis que celui dont nous hono-
rons la mémoire ne disposait que de quelques milliers
de soldats improvisés, recrutés à la hâte, sachant à
peine se servir de leurs armes. Ces soldats possédaient
sans doute les qualités guerrières données par la nature
aux fils de la France : l'élan, la vaillance, l'amour de
la gloire. Mais ils se trouvaient presque tous complète-

ment dépourvus de celles qui s'acquièrent par l'habitude, par l'éducation militaire, par la confiance dans les ordres de chefs dont on a pu expérimenter la valeur.

« Puis, il faut bien l'avouer, la guerre que nous soutenions n'était pas populaire. La nation se résignait aux sacrifices réclamés par le gouvernement, mais elle ne brûlait pas de ce feu sacré qui, à d'autres époques, nous avait permis de résister victorieusement à l'Europe entière coalisée contre nous. Subissant enfin la fâcheuse influence de ceux qui ne craignaient pas de blâmer beaucoup trop haut la continuation des hostilités, elle montrait peu de confiance dans le résultat d'une lutte attribuée, bien à tort, à l'aveugle entêtement d'un seul homme.

« Ce déplorable état des esprits réagissait sur de jeunes troupes arrachées précipitamment à leurs foyers, n'ayant entre elles aucune cohésion. En présence de l'ennemi, elles se conduisaient vaillamment. Après avoir repoussé des attaques répétées, obtenu un succès, elles se montraient pleines d'entrain ; puis lorsqu'elles voyaient, au lendemain d'une affaire où elles n'avaient perdu aucune position, qu'il fallait cependant opérer un mouvement en arrière parce que l'ennemi, utilisant son immense supériorité numérique, tournait au loin une de nos ailes, l'inquiétude les gagnait, et elles se considéraient presque, tout en se battant sans cesse, comme des victimes sacrifiées.

« Tels étaient, messieurs, les obstacles contre lesquels Chanzy avait à lutter, obstacles bien faits, vous en conviendrez, pour apporter un certain trouble dans l'âme la mieux trempée, et cependant jamais un sentiment de défaillance n'a pénétré dans le cœur du commandant en chef de la deuxième armée de la Loire. Il a constamment su tirer le meilleur parti possible des moyens d'action fort imparfaits confiés à son patriotisme, et quoique les espérances de victoire ne se soient pas réalisées, il a eu du moins l'honneur d'inquiéter sérieusement nos implacables ennemis, de les tenir plus d'une fois en échec, de prouver que, si le drapeau de la France pouvait être déchiré, ses lambeaux, tenus d'une main ferme, flottaient toujours au vent.

« Aussi la mort prématurée de l'illustre général a-t-elle été pour ses anciens compagnons d'armes, pour le pays tout entier, un deuil cruel et profond. On a compris que notre chère patrie perdait un de ses plus loyaux défenseurs, un homme de guerre universellement respecté et sur lequel, en toutes circonstances, nous avions le droit de compter.

« Aujourd'hui nous ne pouvons que rendre à sa mémoire le tribut de nos vifs regrets et de notre reconnaissance. Mais pour le faire d'une manière digne de lui et surtout utile au relèvement de la France, relèvement qui doit être l'objet de nos constantes préoccupations, il ne suffit pas d'ériger un monument, il faut imiter les exemples de tenacité patriotique, d'indomptable et virile énergie que Chanzy nous a donnés. Il faut que ses nobles vertus soient aussi les nôtres.

« Que le découragement ne pénètre donc jamais nos cœurs, et, en contemplant notre armée réorganisée, pourvue des armes les plus puissantes qui aient existé, commandée par des chefs — dignes émules de celui dont ce bronze nous rappelle les traits —, composée de soldats sachant non seulement mourir, mais encore ramener la victoire sous nos drapeaux; en voyant l'ardeur avec laquelle nos jeunes gens se livrent aux mâles exercices qui, en augmentant la vigueur et la souplesse du corps, apprennent à combattre avec succès, reconnaissons que l'épée de la chère mutilée n'est pas brisée.

« Ne perdons non plus jamais de vue les causes pour lesquelles ni les efforts ni les talents de Chanzy n'ont pu triompher des obstacles semés sous ses pas, ne permettons pas à des innovateurs imprudents, trop oublieux des sévères leçons du passé, de détruire en France cet amour du métier des armes, cet esprit chevaleresque, ce noble sentiment d'abnégation et de dévouement à la patrie, qui nous ont rendus autrefois les arbitres de l'Europe.

« Nos armées se sont toujours rappelé, même aux époques les plus troublées de notre vie politique, que sous les plis du drapeau de la France il n'y a plus d'opinions, plus de partis, que tous les bras, que tous les cœurs doivent s'unir pour la défense de l'honneur et de la sécurité nationale.

« La deuxième armée de la Loire et son valeureux chef n'ont pas failli à ce devoir. Cette armée, personne ne l'ignore, était composée de soldats, d'officiers ayant des vues politiques très opposées.

« Mais, en présence des dangers qui menaçaient notre indépendance et des maux qui accablaient la France, ces divergences ont été oubliées. Tous, sans exception, n'ont obéi qu'à une pensée unique : celle de résister sans trève ni repos pour délivrer le sol envahi de la patrie.

« Si Chanzy pouvait aujourd'hui se faire entendre au milieu de nous, il ne nous contredirait certainement pas, car j'ai eu l'honneur de lui entendre bien souvent exprimer les sentiments dont je ne suis que le trop faible interprète. Il nous dirait :

« Aimons passionnément la France, notre mère à tous. Sachons vivre pour elle, apprenons à mourir pour elle, et, quoique les nombreuses plaies de la pauvre blessée ne soient pas toutes cicatrisées, ne désespérons jamais de son avenir, puisque son honneur est intact et que Dieu la protège. »

Nous l'avons déjà dit : la gloire de Chanzy est de n'avoir pas désespéré du sort de la France ; les pages suivantes en fournissent la preuve.

Sollicité par un grand nombre de ses collègues à l'Assemblée Nationale, le général exposa sa manière de voir dans les bureaux et dans la grande commission chargée d'examiner la situation militaire du pays. Pensant qu'il était peut-être nécessaire d'aller plus loin, et de porter jusqu'à la tribune les appréciations qu'on lui demandait, il consulta M. Grévy. Le président de la Chambre répondit que la parole ne pouvait être accordée sur une question qui n'était point livrée aux débats, et qu'en outre il lui semblait inopportun de la soulever en séance, alors que les négociations allaient s'ouvrir à Versailles. Le général, qui comptait parler, communiqua à plusieurs députés, MM. Bethmont et Margaine entre autres, le discours suivant, qu'il avait préparé et qu'il est bon de reproduire ici, pour bien établir quelle était alors, véritablement, sa manière de voir :

« Messieurs,

« Beaucoup d'entre vous m'ont demandé de faire connaître mon opinion, comme chef d'une des armées qui nous restent, sur la grande question pour laquelle nous sommes réunis et que l'on semble hésiter à aborder : celle de la paix ou celle de la guerre.

« Je ne viens pas ici exposer la situation qu'ont faite à la France les coups qui la frappent si cruellement depuis quelques mois. Nous la connaissons tous, sans cependant, je le crains, l'apprécier de la même façon.

« Quant à moi, sans chercher à en dissimuler la gravité, je viens l'envisager avec calme, et, je l'affirme, avec une confiance qu'aucun de nos désastres n'a pu encore ébranler.

« Je n'apporte pas l'illusion. Il m'a été donné de suivre les évènements d'assez près pour me permettre d'en apprécier les causes, la marche et les conséquences. Mais loin d'en être découragé, j'apporte la conviction profonde que notre pays doit et peut se relever.

« Il le doit, parce que la France n'entend pas déchoir ; il le peut parce que nous ne sommes à bout ni de forces, ni d'énergie, ni de patriotisme.

« Si des circonstances encore inexplicables pour nous, inespérées pour lui, ont donné momentanément le triomphe à l'ennemi, l'héroïque résistance de Paris, de Belfort, de la plupart de nos places fortes, la rude journée de Fræschwiller, nos succès à Coulmiers, à Josnes, à Vendôme, à Pont-de-Noyel, à Villersexel et dans d'autres combats moins importants que ces véritables batailles, en sauvant notre honneur national et celui de nos armes, font assez comprendre à l'Allemagne que la revanche est possible si, dans son orgueil, elle nous force à la vouloir.

« On m'a demandé, à diverses reprises, si je croyais la résistance encore possible après la réduction de nos armées. Pour moi, elle est non seulement possible, mais elle ne peut manquer d'être efficaces, si le pays la veut sérieusement, en acceptant toutes ses obligations et toutes ses conséquences.

« Je ne puis, vous le comprendrez, entrer publiquement ici dans le détail et dans l'appréciation de nos forces. Elles sont, croyez-le bien, encore de nature à nous donner espoir et confiance. Nous pouvons conserver la tête haute.

« Devons-nous continuer la lutte ? Quand ma pensée se reporte sur les scènes de dévastation dont j'ai été si souvent le témoin ; quand je m'arrête au tableau si navrant que j'avais sous les yeux dans mon récent voyage à Paris ; quand je songe à cette hécatombe de tant de victimes, mon cœur de soldat refoule son indignation pour ne songer qu'aux maux du pays. Je comprends que la meilleure solution soit la paix, mais la paix honorable, la paix qui, malgré les sacrifices nécessaires, laissant la France debout, ne l'atteint ni dans son honneur ni dans son intégrité.

« Tout autre paix, croyez-le, et que l'Allemagne ne s'abuse pas, ne serait qu'une trève, qu'un répit. La France ne supporterait pas longtemps l'humiliation. Si c'est une paix semblable qu'on nous offre, repoussons-la énergiquement. Ne léguons pas à ceux qui nous suivront tout un avenir de haine à assouvir, de hontes à

effacer. Que la nation s'habituant à l'idée de nouveaux
et cruels sacrifices, s'arme tout entière pour combattre l'invasion. Que la résistance s'organise partout
pour la défense du sol pied à pied. Que le vide se fasse
devant l'ennemi. Que tous les gens de cœur prennent
un fusil. Qu'au lieu de discuter, d'écrire ou de conseil-
ler, tous les hommes animés du vrai patriotisme agis-
sent et prennent part à la lutte. Il n'est pas besoin
d'être soldat pour défendre son pays et son honneur.

« Cette guerre du droit le plus sacré contre la force
brutale, ne le mettez pas en doute, sauvera le pays.
L'ivresse causée à l'Allemagne par son succès ines-
péré se dissipera, si cette fois elle acquiert la conviction que la nouvelle lutte qu'elle engage est pour nous
celle du désespoir et de la vengeance ; si enfin, cédant
à la raison, elle arrive à comprendre qu'elle peut com-
promettre dans les chances de nouveaux combats où
ses forces finiront par s'épuiser, les résultats qu'elle a
obtenus et qui doivent la satisfaire.

« Enfin, le moment n'arrivera-t-il pas où, sortant
du rôle d'indifférence ou d'ingratitude dans lequel
elles se sont maintenues jusqu'ici, les puissances étrangères menacées à leur tour par les vues ambitieuses
de la Prusse, éprouveront fatalement le besoin de mettre un terme à une guerre qui compromet les intérêts
de l'Europe, la paix du monde entier ?

« Vous aurez à prendre bientôt une résolution. Ne
vous inspirez que du sentiment vraiment national de
la situation du pays et de la nécessité d'en sortir hono-
rablement ; que le gouvernement reste avant tout
celui de la défense nationale.

« Plus d'esprit de parti, plus d'aspirations politiques
cherchant leur satisfaction dans les tristes complica-
tions du moment. Que la France entière, à ce point de
vue, imite l'armée et reste comme elle sur le champ de
bataille où viennent de succomber pour la cause sacrée
de la patrie, les hommes de tous les partis, de toutes

les opinions. — Songeons au mal que nos dissensions ont déjà produit. Rappelons-nous que l'ennemi leur doit en grande partie la facilité avec laquelle il a obtenu ses succès. Ne lui donnez pas, à cet ennemi déjà si fier de son triomphe, la satisfaction que lui causerait le spectacle de nos luttes intestines dans ce moment suprême où tout bon citoyen ne doit songer qu'au malheur du pays. Forçons-le à nous conserver son estime sur le champ de bataille. Donnons enfin à nos mandataires, pour les négociations qui vont s'ouvrir, cet appui moral qui leur assurera qu'ils peuvent parler haut et ferme, parce que la France, qui désire la paix, est tout entière debout derrière eux, unie et prête à continuer la lutte si elle est inévitable.

« Je vous devais ma pensée. Déjà mon devoir avait été de la faire connaître à mon armée. Je l'avais résumée, en apprenant l'armistice dans un ordre du jour qui exprime, je m'en porte garant, le sentiment qui anime les troupes que j'ai l'honneur de commander. »

Voici enfin la conclusion du livre de Chanzy sur la 2ᵉ armée de la Loire. Ces lignes sont bonnes à méditer par tous les Français :

Pendant les rudes journées de Josnes, un officier supérieur allemand fait prisonnier, ne dissimulant rien de l'étonnement que lui causait la résistance de nos jeunes troupes, comparait ces batailles de la Beauce à celles de 1866 auxquelles il avait pris part, et avouait que ces dernières n'étaient qu'un jeu d'enfants auprès de ces luttes acharnées et incessantes qu'il leur fallait de nouveau soutenir pour réduire un pays qu'ils croyaient à bout de ressources après ses désastres. C'est là le plus bel éloge de ces armées nouvelles que la volonté et le patriotisme de la France ont fait surgir.

Quelles sont les véritables causes de nos défaites, alors que les efforts produits depuis le commencement de la guerre dépassent ce qui aurait suffi pour repousser l'ennemi de notre territoire ? Il faut les voir, cela est vrai, dans la faiblesse et l'insuffisance de notre organisation militaire que des idées fausses, aveugles ou passionnées avait amoindrie depuis quelque temps, dans le défaut d'ensemble dont toutes nos combinaisons stratégiques restent fatalement empreintes ; mais, pour nous qui avons retrouvé, dans nos soldats improvisés, les grandes qualités militaires qui sont l'apanage inaltérable de notre nation, la cause principale de nos désordres fut notre manque de confiance en nous-mêmes.

Nos belles armées perdues, notre capitale tombée après de glorieux et héroïques dévouements, nous avons cessé de croire à la possibilité de vaincre, alors qu'elle nous restait.

Gardons-nous cependant, d'en conclure que les armées improvisées sont une garantie suffisante dans les crises qui peuvent encore se produire. Les évènements auxquels nous venons d'assister établissent au contraire, d'une façon dès à présent irréfutable, qu'une nation n'est sûre de son indépendance et réellement forte que si son organisation militaire est sérieuse, complète et puissante. S'il subsistait encore un doute, il suffirait de regarder autour de nous : la Russie, l'Autriche, l'Italie, l'Espagne, l'Angleterre changent et fortifient leur système militaire ; l'Allemagne elle-même, au lendemain des grands succès que celui dont elle disposait vient de lui assurer, n'hésite pas à y apporter de nouveaux perfectionnements. Elle est à l'œuvre ; imitons-la sans perdre de temps. Rompons avec ces traditions du passé, respectables sans doute puisque c'est à elle que notre pays doit sa grandeur et ses gloires que nos malheurs présents ne peuvent faire oublier, mais qui ne suffisent pas à l'époque actuelle, où tout est fatalement transformé.

Le général Margueritte

C'est à Manheuilles, village des environs de Verdun, que naquit Margueritte en 1823.

Il partit à l'âge de six ans pour suivre son père,
nommé gendarme en Algérie. Dans ces premiers temps
de l'occupation, la guerre était continue, les alertes
constantes, les dangers incessants. C'est dans cette vie
d'agitation et de périls, où l'on était toujours le fusil
au poing et le sabre au côté, que l'enfant fit son éducation militaire, que son caractère se trempa et que se
développèrent ses forces. « Dès qu'il avait un moment
de libre, dit le général Philebert, il allait jouer avec
les petits enfants arabes qui avoisinaient le poste, et
c'est ainsi qu'il apprit les premiers éléments de cette
langue dont il approfondit plus tard l'étude au point
de la parler et de l'écrire plus sûrement que les plus
lettrés des indigènes, et qu'il a pu même, quelques
années après, laisser des notes curieuses sur la poésie
arabe. C'est là aussi qu'il commença à acquérir cette
connaissance complète des mœurs et des habitudes de
ce peuple, qui lui furent si utiles plus tard, lui don-
nèrent une physionomie et un rôle à part parmi tous
ceux qui exercèrent en Algérie des fonctions d'administration ou de commandement. »

Il n'était jamais allé à l'école. Son père lui avait appris à lire et à écrire en le faisant travailler à son bureau de brigadier de gendarmerie. Et c'étaient les
seules leçons qu'il reçut jamais. Mais sa force de volonté était telle, qu'il acquit une instruction variée et
solide et se fit même un écrivain remarquable, correct,
pittoresque et très individuel, comme le prouve son
fort intéressant ouvrage intitulé : *Chasses en Algérie*.

A douze ans, sans titre officiel, il remplissait à la
gendarmerie de Kouba, les fonctions d'interprète et
rendait de signalés services.

A quinze ans, il s'engageait, à titre de gendarme
interprète, dans l'escadron des gendarmes maures que
commandait le capitaine d'Allonville.

A dix-sept ans, nommé brigadier, il prit part à
l'expédition de Cherchel et eut sa première citation à

l'ordre du jour de l'armée pour sa vaillante conduite au combat d'El-Affroun.

Depuis ce moment, Margueritte est de toutes les expéditions, se distingue à tous les combats ; il est cité onze fois ; malgré son extrême jeunesse, il montre dans les difficiles missions de chef des affaires arabes des aptitudes supérieures et acquiert, sur ces populations troublées, une influence toute-puissante, par son intelligence, sa droiture et surtout sa force, son audace et son intrépidité.

Au Mexique, même valeur, mêmes éminents services. Après le combat de San-Lorenzo, l'ordre du jour signalait au premier rang de ceux qui s'étaient distingués : « *M. le lieutenant-colonel Margueritte dont on ne sait plus en quels termes faire l'éloge.* »

Rien de plus intéressant que les lettres qu'il adressait à sa femme, des grandes étapes de ses longues pérégrinations.

« Ici, écrit-il, je me crois sous l'influence d'un mauvais rêve, qui, hélas! dure trop. Cent fois par jour, je maudis cet affreux Mexique.

» Mon horreur pour cet inqualifiable Mexique s'est encore accrue dans notre dernière expédition : nous avons parcouru un pays infesté de bandes de guérillas qui y commettent les plus odieux forfaits. Chaque jour, nous nous heurtons à des cadavres pendus aux arbres du chemin. Ce sont, pour la plupart, des Indiens, pauvres gens passifs que les ignobles bandits mexicains exécutent de toutes façons pour en tirer des vivres, de l'argent et des soldats. Cela soulève le cœur et j'en ai été malade. Aussi, lundi dernier, étant dans une mauvaise disposition d'esprit, après avoir vu, dans la matinée plus de vingt pendus attachés d'une manière hideuse sur notre route, j'ai eu, je dirai la bonne fortune, de joindre la bande d'assassins qui avaient commis ces crimes. Malgré l'avance qu'elle avait sur moi, je l'ai rejointe et lui ai fait payer cher ces pendaisons. Plus de cent cinquante ont été sabrés. »

Mais nous voici arrivés à l'année fatale. Lorsque la guerre fut déclarée à la Prusse, Margueritte, général de brigade, commandait depuis plusieurs années la subdivision d'Alger. Il fut immédiatement désigné pour commander, à l'armée du Rhin, une brigade de la division du Barail, composée des quatre régiments de chasseurs d'Afrique.

Il s'était toujours tenu loin des hautes régions du gouvernement. N'ayant vu de l'Empire que le dehors, le vernis, aux grandes solennités militaires ou au camp de Châlons, où il vint saluer l'Empereur à deux reprises pendant des congés de convalescence; il fut, dès le commencement de la guerre, frappé de stupeur et de désespoir à la vue de la faiblesse de nos moyens.

« Que d'impéritie, écrit-il le 11 août de Metz, et comme l'a dit le général Trochu, quelle illusion fâcheuse nous avons conservée de l'idée que nous étions la première armée du monde ! Oui, pour le courage ; mais pour l'instruction militaire et surtout pour la préparation, non. Enfin, il n'y a pas à récriminer, il faut agir et redonner confiance à bien des gens qui la perdent.

Les désastres se succèdent. Enlevé, nous l'avons dit, à l'armée de Bazaine par l'empereur, qui choisissait sa brigade pour l'escorter à Verdun, le retour n'était plus possible, il était coupé de cette armée et dut se rallier à celle de Mac-Mahon.

« J'ai été appelé par le maréchal et par l'Empereur, écrit-il à sa femme. J'ai été initié au plan de campagne que nous exécutons à présent. Fasse Dieu qu'il réussisse. Faure m'a dit, lorsque je suis sorti : « Vous » savez que l'on va vous faire général de division ! » Je n'en ai pas, croyez-le bien, une joie immodérée Je vais avoir le 4ᵉ chasseurs d'Afrique demain, ce qui me fera cinq régiments, plus une batterie d'artillerie. C'est un gros tas de monde et de chevaux quand il faut nourrir cela au jour le jour. »

Et le lendemain :

« Je n'ai pas assisté aux désastreux combats qui viennent d'être livrés près de Beaumont et de Mouzon. Voilà qui anéantit le projet de jonction avec Bazaine A quelle combinaison va-t-on s'arrêter ? Y en a-t-il une passable ou possible ? Hier soir, quand j'ai été voir le maréchal, son état-major m'a complimenté sur ma nomination. *Pauvres gens qui pensent à ces choses-là en ce moment ! Pour moi, cela me préoccupe peu ; je voudrais pouvoir dormir.*

» Pendant la nuit du 31 août au 1er septembre, la division Margueritte avait campé près d'un petit village appelé Vaux, à trois kilomètres au nord de Sedan.

Au point du jour, on entendit une vive fusillade et le canon commença, et, dès les premiers obus, le maréchal de Mac-Mahon était blessé.

Les projectiles commençaient à arriver sur la division. Le général venait de la faire former en échelons pour la conduire à la charge dans la direction de Givonne, lorsque, des bois, déboucha tout un corps prussien qui installa ses batteries et tira sur elle. Le général prit avec lui les 1er et 3e chasseurs d'Afrique, et chargea à leur tête l'infanterie qui se trouvait en avant des batteries.

A ce moment, le général Tillard et son aide-de-camp furent enlevés par le même obus. Les régiments se reformèrent, et le général fit faire quelques mouvements à gauche pour soustraire sa troupe à l'artillerie qui la foudroyait. Vers deux heures il fit arrêter la division derrière un mamelon au sud du village de Floing, et continua à s'avancer de sa personne, avec un seul officier d'ordonnance, pour choisir un terrain favorable à une charge. En arrivant sur la crête, ils furent assaillis par une grêle de balles, et ils virent les Prussiens s'avançant rapidement en groupes serrés sur la pente au sommet de laquelle ils se trouvaient.

Le général arrêta son cheval et le fit tourner à droite. Tout-à-coup, M. le lieutenant Reverony, son officier d'ordonnance, le vit tomber violemment à terre. Une balle lui avait traversé la figure, entrant par la joue gauche où elle faisait une ouverture énorme, et sortant par la joue droite, atteignant le palais, déracinant quelques grosses dents et coupant une partie de la langue.

M. Reverony releva le général qui ne s'était pas evanoui et put le replacer sur son cheval et le ramener en le soutenant.

Il faut lire la lettre émouvante dans laquelle le jeune officier raconte pour l'infortunée veuve la mort de son général.

« Nous arrivâmes à hauteur de la division qui était arrêtée. Je n'oublierai jamais le spectacle dont je fus alors témoin ; dès que l'on eut reconnu le général, la consternation se peignit sur tous les visages, chacun sentant ce qu'il perdait en perdant son chef bien-aimé : tous les fronts s'inclinèrent, les sabres se baissèrent respectueusement, et un seul cri s'échappa de toutes les poitrines : « Vive le général ! Vengeons-le ! » Il était beau, madame, de voir cet enthousiasme sous le feu de l'ennemi ; le général fit un geste de remerciement avec la tête et il eut encore la force d'indiquer la direction de l'ennemi avec le bras gauche et en s'efforçant de crier : « En avant ! » Les régiments firent une nouvelle charge qui fut meurtrière, et ces mots : « Vive le général ! Vengeons-le ! » furent les derniers que prononcèrent beaucoup de ces intrépides officiers et de ces vaillants soldats. »

A propos de cette charge désespérée, nous lisons dans la *Relation historique et critique de la guerre franco-allemande*, de F. Lecomte :

« Malgré une pluie de balles et d'obus, les cavaliers généraux et officiers en tête, s'élancent en avant de toute la vitesse de leurs chevaux. La première ligne allemande est sabrée et dispersée ; mais les bataillons partie en carré, partie déployés, sont inabordables, ils envoient des décharges meurtrières aux assaillants et en jonchent le sol. Les escadrons se replient, se rallient, et retournent héroïquement à la charge sans autre résultat. On dit que le roi Guillaume, qui, du haut de la colline, assistait à ce spectacle, ne put s'empêcher de s'écrier : « OH ! LES BRAVES GENS. »

Le lieutenant Reverony fit porter le blessé à la sous-préfecture, et s'adressant à l'empereur qu'il aperçut sur le perron : « Sire, lui dit-il, je viens vous demander l'hospitalité pour le général Margueritte, qui est grièvement blessé.

» — Vous faites bien, répondit Napoléon III. »

Et il fit préparer une chambre pour le général et lui envoya ses médecins qui ne jugèrent pas la blessure très grave.

Au bout d'un moment l'Empereur vint visiter le général lui serra la main, lui dit qu'il était peiné de le voir blessé, mais qu'il espérait bien que sa blessure serait sans gravité. Le général demanda alors une feuille de papier et écrivit au crayon : « Sire, je vous remercie ; moi, ce n'est rien ; mais que va devenir l'armée ? Que va devenir la France ? » L'empereur leva les yeux au ciel et sortit.

Malgré sa souffrance, Margueritte, dès qu'il fut installé et que sa blessure eut reçu un premier pansement trouva la force d'écrire une longue lettre à sa femme pour la rassurer. Et tous les jours jusqu'à celui de sa mort, il s'entretint ainsi avec les chers êtres qu'il avait laissés.

Le 2, les Prussiens occupaient la ville, le quartier-général s'installait à la sous-préfecture. Le colonel allemand Von Heiduck, du 4ᵉ hussards, qui prit le commandement de la place, vint voir le général et se mit courtoisement à sa disposition.

Dès lors, Margueritte n'eut plus qu'un désir : quitter au plus vite la ville maudite. Il obtint l'autorisation de se faire transporter en Belgique, à Bauraing, et, le 5, il alla demander l'hospitalité au duc et à la duchesse d'Ossuna qui avaient mis, avec le plus généreux empressement, leur château à la disposition des blessés français.

Là, les témoignages d'estime, d'admiration, lui furent prodigués par les généraux et les officiers belges qui occupaient le pays, dans un vaste rayon autour de Beauraing. Le duc et la duchesse, le général de division Thiebauld eurent pour lui les plus délicates attentions. On ne saurait dire combien furent cordiale l'hospitalité et sympathique l'accueil fait par la nation amie aux malheureux éxilés.

Le 6 au matin, rien encore ne faisait présager une issue fatale, et M. Reverony pouvait écrire à madame Margueritte une lettre rassurante.

Quelques heures plus tard, la situation était tout à coup devenue désespérée.

« Vers deux heures, raconte l'officier d'ordonnance il retira sa main de la mienne, ouvrit les yeux, me regarda, et avec sa main me fit un signe qui voulait dire qu'il s'affaiblissait de plus en plus, et en même temps, il articula ces mots : « ma femme, mes enfants ! » Je ne pus me retenir et fondis en larmes, car je sentais tout ce qu'il y avait de déchirant dans ce dernier adieu à ceux qu'il aimait. Il me fit signe qu'il voulait écrire, je lui plaçai un crayon dans les doigts et lui tins le papier sous la main ; mais il n'eut pas la force d'écrire, il laissa tomber le crayon ; je lui pris la main et ne la quittai plus. Le curé de Beauraing, assisté du chapelain du château, administra les derniers sacrements au général ; il répondit par signes avec grand calme aux questions posées par le prêtre, et quand celui-ci lui dit : Priez pour la France, priez pour votre femme et vos enfants, le général me serra la main, fit un geste affirmatif avec sa tête et eut encore la force de prononcer ce mot : oui. Il allait toujours en s'affaiblissant, sa respiration devint haletante. Enfin, à quatre heures et demie, sans efforts aucuns, sans souffrances, le général rendit le dernier soupir. »

Dès qu'il eut expiré, la duchesse d'Ossuna, qui s'était installée, pour le soigner, dans une chambre voisine de la sienne, alla mettre des vêtements de deuil.

Quelques jours avant sa mort, bien que brisé par les souffrances causées par son horrible blessure et anéanti par la douleur de voir les revers de notre armée, il disait à l'un de ses officiers qui était venu lui apporter le tribut de sa sympathie :

« Ne vous abandonnez pas, prenez soin de vos hommes, ils le méritent. Dieu nous envoie cette nouvelle épreuve pour nous mieux tremper encore, c'est dans les circonstances actuelles que se montrent les gens de cœur. »

La Belgique lui a fait de belles funérailles.

Plus tard, sa femme et ses enfants l'on fait transporter près d'eux en Afrique. Il repose dans le cimetière de Moustapha, près des lieux où s'écoula son enfance.

Tel est le héros qui nous a laissé de si nobles exemples de valeur, de vertu et de patriotisme, et dont la statue va s'élever à quelques pas de la nouvelle frontière de notre pauvre France mutilée. Le sculpteur Albert Lefeuvre l'a représenté, dans un beau groupe, blessé et soutenu par un chasseur, mais hautain et intrépide encore, indifférent à la souffrance, l'œil plein d'une flamme d'enthousiasme et de courage indomptable, le bras allongé, la pointe du sabre indiquant l'ennemi, et criant son dernier : En avant ! à ses soldats fous de douleur et de désespoir.

———

Comme conclusion naturelle de ce volume, nous transcrivons ici quelques fragments de chansons allemandes. Nos lecteurs y verront avec quel orgueil, quel insolent mépris les Prussiens parlent de nous. En lisant ces pages de haine, d'ironie et d'insulte, les écoliers francais sentiront le rouge de la honte monter à leur front, et ils prendront la résolution de se venger un jour de nos grossiers vainqueurs, leur devise sera : *Se souvenir et espérer !*

Cri de guerre

Tu ne peux Français, comprendre notre patois allemand.

Eh bien ! voici la bouche du canon qui va te le mugir ! Voici la balle qui va te le siffler !

Il faudra bien que tu attrapes la chanson ! Debout, soldats ; battez lui la mesure dragons et hussards.

Sus, uhlans, au grand trot ! Sus avec vos lances ! à vous de maintenir l'ordre dans la danse !

OU EST LE RHIN ?

Où est le Rhin ? — Il coule sur la terre allemande. Remarquez cela, Français, vous qui n'entendez rien à la géographie. Et si, par malheur, nous n'avions dormi pendant des siècles, vous ne nous auriez pas disputé, scélérats, les rives de notre fleuve.

Aujourd'hui, nous vengeons les hontes que vous avez infligées au peuple allemand. Nos braves sont en route, et, l'épée à la main, ils vont nettoyer nos frontières des zouaves et des turcos.

Car les pays allemands que vous nous avez volés sont l'*Alsace*, la *Lorraine* et la *Bourgogne* ! Riez seulement ! Riez ! Bientôt, vos dents claqueront de frayeur !

Nous vous reprendrons ces trois provinces ; nous les arracherons de vos griffes. Nous referons l'honneur allemand aux dépens de la gloire française, et nous nous établirons en maîtres sur les deux rives du Rhin.

NOTRE DAVID

Monsieur Goliath s'avance, le Philistin français, et nous crie : « Viens, pieux David, viens ! approche-toi donc un peu !

» Je suis bardé de fer des pieds à la tête. Viens essayer ta fronde contre moi. Il t'en cuira, cette fois-ci ? »

Et le jeune David ne fait pas la sourde oreille, il vient au pas accéléré, avec sa fronde et avec une bonne épée.

« Vantard, toi qui as six coudées de haut, je vais te montrer ce que je sais faire. » Et, brusquement, il grandit et devient un géant formidable.

Et il frappe la terre de son épée, et de cette terre surgit toute une armée de Davids, tous géants comme le premier.

L'épée frappe les Philistins comme la faux qui couche la moisson sur le sol. On voit enfin la force de ce David allemand, notre bon Michel, si longtemps raillé.

Ainsi la paille est dispersée, ainsi le grain est jeté à terre, ainsi les rouges fleurs des blés fauchées jonchent le sol de leurs pétales sanglants.

Monsieur Goliath voit ces choses et voudrait bien s'en aller. Mais David ne lui en laisse pas le temps.

Il va à lui, le saisit par la ceinture, le soulève, le balance, et le jette au loin, à travers champs.

« Tu as ton compte, braillard ! Vous avez le vôtre Philistins ! Si vous bougez seulement, si vous faites un pas vers nous, gare !

» Nous vous attraperons encore une fois, et d'une façon définitive, effrontés maraudeurs que vous êtes ! Nous renverserons les murailles insolentes de votre Ascalon.

» Nous raserons vos cités, et personne ne saura plus, ne pourra reconnaître où Ascalon, — Paris, — a existé et où les Français ont vécu ! »

SUR LES FRANÇAIS

Vous connaissez la vieille chanson : Hurrah ! hurrah ! hurrah ! Nous chantions ce refrain pendant les longues marches, nous autres jeunes hommes, en nous exerçant à la guerre future. Hurrah ! hurrah ! Nous chantions ce refrain-là en temps de paix ; aujourd'hui, chantons-le de nouveau, puisque l'on va se battre. Hurrah ! donc, et tombons sur les Français !

Les vieux nous avaient appris cette chanson : Hurrah ! Nous valons bien les vieux, j'imagine ! Faisons-le voir, hurrah ! Ils chantaient ainsi à la Katzbach, à Grossbeeren, à Dennewitz, et en chantant ils tombaient comme la foudre sur les Français !

Que Dieu vous bénisse, les vieux ! Hurrah ! Nous chantons comme vous, à la vieille mode, qui est la bonne, hurrah ! Et nous l'avons déjà prouvé, car nous aussi, à Wissembourg, à Forbach et à Wœrth, nous sommes tombés sur les Français.

Mon cher monsieur Français, comment vous portez-vous ? Hurrah ! Vous tiendrez-vous tranquille et sage, cette fois-ci ; hein ! Hurrah ! Tu as beau faire, braver, défier, ruser, mentir, que diable ? tu en auras bientôt assez. En avant donc ! tombons tous sur les Français !

Salut, roi Guillaume, héros pieux et fort ! Hurrah ! Ton peuple entier t'acclame, hurrah ! Regarde-nous bien, cela nous donne du cœur au ventre ! Regarde-nous, et tu verras si nous tapons solidement sur les Français !

En avant ! en avant ! Recommençons la danse ! Hurrah ! hurrah ! hurrah ! A Paris ! Paris est notre but ! Nos pères deux fois y ont déjà été. A notre tour, nous y serons bientôt ! Victoire ! Chantons le vieux refrain ! Hurrah ! donc, et tombons sur les Français.

FIN.

TABLE DES MATIÈRES

Traits d'héroïsme :

Charges célèbres et Villes héroïques :

Les Sergents :

Nouvelles et anecdotes :

www.ingramcontent.com/pod-product-compliance
Lightning Source LLC
Chambersburg PA
CBHW071800090426
42737CB00012B/1887